D1993991

Liebe Leserin, lieber Leser,

Die Geschichten, die hier vorgestellt werden, haben eine große Bedeutung. Sie sollen helfen, die Aufgaben, die Ihnen das Leben stellt, zu bewältigen und das Beste aus ihnen zu machen. Dazu ist aber wichtig, daß Sie in einer bestimmten Weise mit ihnen umgehen.

Die Geschichten sind lustig, schön, machen angenehme Gefühle, regen zum Nachdenken, Analysieren und Weitererzählen an. Aber Ihr Denken und Ihre Gefühle sind Instrumente, die aus den Geschichten nicht den inneren Kern herausholen. Sie essen ja auch nicht die Schalen von Nüssen, sondern ihren Kern, auch wenn vielleicht die Schale viel schöner ist als der Kern. Ihr Denken und Ihre Gefühle sollten Sie beim Lesen der Geschichten keineswegs ausschalten. Ihr Intellekt sagt Ihnen, daß der Apfel gut ist. Ihr Gefühl sagt Ihnen, daß er gut schmeckt, aber andere Organe befassen sich mit seinem Nährwert und seiner Funktion. Diese anderen Organe dürfen Sie nicht vernachlässigen. Sie müssen vor allem beobachten. Wie wirkt die Geschichte auf Sie? Unter welchen Umständen lesen Sie sie? Wie reagieren Sie, wenn Sie sie nicht verstehen, wenn sie Sie langweilt, wenn sie sehr lustig ist, wenn sie Sie ärgert, wenn Sie Ihnen gar angst macht? Und wenn Sie sich für Sinn und Bedeutung einer Geschichte entschieden haben, legen Sie sie weg und lesen Sie sie nach ein paar Wochen, Monaten oder Jahren noch einmal. Hat sie sich verändert?

Viel Freude bei der Reise zu sich selbst!

Thomas Poppe, geboren 1952, ist Übersetzer, Journalist und Sachbuchautor. Zu seinen Interessengebieten zählen: Psychosomatik, Vergleichende Religionswissenschaft, interdisziplinäre Aspekte der Medizin, Physik und Erkenntnistheorie. Publikationen: «Schlüssel zum Schloß», «Bausteine für ein positives Mikroklima», «Der Arzt in dir – Psychosomatischer Patientenratgeber» sowie Bücher über Psychotherapie und Esoterik.

Thomas Poppe

Der Löwe in uns allen

Die Tierfabel als Spiegel der Seele

rororo
Transformation

rororo transformation
Herausgegeben von Bernd Jost und Jutta Schwarz

Quellenangabe

Die drei Fische, Die Strategie regulierter Verluste, Der Reiher und die Krabbe, Der Affe und der Gschaftlhubervogel, Die Bettwanze und der Floh, Das Kamel, der Löwe, der Leopard, die Krähe und der Schakal: Aus *Kalila und Dimna*. Aus dem Englischen von Edgar Otten. Fatima und die Tiere: Aus *Der glücklichste Mensch* von Idries Shah. Aus dem Englischen vom Autor. Nachdruck mit freundlicher Genehmigung des Herder-Verlages, Freiburg.

Die Katze, die den Frieden ausrief, Nur die Katze darf den König sehen, Die Tigerin und ihr Lehrer: Aus *A Cat may look at a King*. Nachdruck mit freundlicher Genehmigung von Ramsay Wood, London. Aus dem Englischen vom Autor.

Originalausgabe
Veröffentlicht im Rowohlt Taschenbuch Verlag GmbH,
Reinbek bei Hamburg, Dezember 1990
Copyright © 1990 by Rowohlt Taschenbuch Verlag GmbH,
Reinbek bei Hamburg
Umschlaggestaltung Peter Keller
Umschlagillustration Stefan Kiefer
Satz Palatino (Linotronic 500)
Gesamtherstellung Clausen & Bosse, Leck
Printed in Germany
1080-ISBN 3 499 18792 2

Inhalt

Wir passen gut zusammen, Sie und ich. Sie lesen Vorworte, wenn überhaupt, erst zum Schluß und lieben Geschichten. Und ich habe keine Lust, zu einem Buch voller lebenspraller Geschichten ein saftloses Vorwort zu schreiben. Ich möchte Ihnen deshalb gleich zu Anfang eine wahre Geschichte erzählen.

Ich gebe zu, einigen wenigen unter meinen Lesern wird es nicht leichtfallen, sie zu glauben. Dieser kleinen Minderheit ist möglicherweise nicht zu helfen, aber ich möchte an das alte Sprichwort erinnern:

«Es muß nicht unbedingt wirklich sein, um wahr zu sein.»

Das muß den Zweiflern genügen, denn seit mir diese Geschichte passiert ist, habe ich verlernt, mich zu rechtfertigen oder zu verteidigen …

Doch nun zu der Geschichte. Sie müssen sich das so vorstellen:

Auf dem Kalender an der Wand meines Kellerlochs (manche nennen es «Toms Büro») steht das Datum: 18. Juli 1978. Ich sitze nachts um halb drei vor einer Schreibmaschine, daneben ein Mini-Eimer frisch gekochter Kaffee, und arbeite an meinem ersten Buch. Ich sitze mit dem Rücken zur halb geöffneten Tür, mit dem Gesicht zum offenen Fenster. Angenehme Temperatur, meine Augen brennen nur leicht, ich bin hellwach.

Es ist die Zeit, die ich auch heute noch am meisten liebe. Die Menschen schlafen, ihre Gedanken ruhen, nur ich selbst kann jetzt noch den Fluß meiner Arbeit stören (was mir allerdings auch oft genug gelungen ist).

Meine Gedanken fließen, sie wirken auf mich seriös, konzentriert, unbehelligt, sogar für mich verständlich, mit einem Wort: freie Fahrt. Die Schreibmaschine reagiert auf soviel Harmonie und Selbstzufriedenheit mit leicht unregelmäßigem Zweifinger-Geknatter. Der Kugelkopf kugelt.

Bis zu diesem Augenblick: Eine Nacht wie viele in der Vergangenheit. Und wie noch keine in der Zukunft.

Mitten hinein in die Idylle ein leises Geräusch. Fast wie ein Geräusch aus dem Dschungel. Eine Art Fauchen. Meine Gehirnmaschine signalisiert: «Paßt nicht ins Nebenprogramm Kellerloch-Geräuschkulisse!» Und fast gleichzeitig habe ich das Gefühl, nicht mehr allein zu sein.

Langsam drehe ich mich um.

Ich lösche immer das Licht im Keller, deshalb führt die halbgeöffnete Bürotür direkt in die Schwärze der Nacht. Ich denke noch: «Du mußt mehr Vitamin A schlucken.» Normalerweise kann ich nämlich zumindest die Umrisse der Zentralheizung im Kellergang erkennen, besonders bei Vollmond.

Doch jetzt: Nichts.

Nur zwei grün leuchtende Punkte.

Dicht nebeneinander und völlig unbeweglich. Ich erstarre. Merke, daß ich, ohne es zu wollen, aufgestanden bin. In diesem Augenblick setzen sich die grünen Punkte in Bewegung und schweben ins Zimmer.

Sie gehören zu einer gewaltigen schwarzen Katze und sitzen in der Mitte ihrer beiden großen Augen. Erst jetzt bemerke ich die schwarzen Schlitze im Zentrum des grünen Leuchtens. Eine Sekunde lang gibt mir die Katze Zeit zu einem Seufzer der Erleichterung, denn ich liebe Katzen. Und es könnte durchaus mal vorkommen, daß irgendein Tier aus der Nachbarschaft durch die offene Kellertür, die zum Garten führt, den Weg zu mir findet. Warum nicht? Das paßt zumindest in das Programmschema meiner Gehirnmaschine.

Doch dann öffnet die Katze leicht ihr Maul, ohne ihren Blick von mir zu wenden, und sagt:

«Guten Morgen, ich habe die ... Ehre, mich Ihnen vorzustellen. Mein Name ist Don Rico Valdosar de Romero. Ich bin der König der Katzen. Meine Freunde im Großen Rat nennen mich Micky.»

Romero, der Katzenkönig.

Ich möchte den Leser jetzt nicht mit einer Schilderung meiner

Reaktionen langweilen, aber ich kann Ihnen versichern, daß fast sämtliche meiner Körperfunktionen an ihr beteiligt waren. Ich setzte mich wieder und konnte das Grauwerden meiner Haare körperlich spüren.

Die schwarze Katze war offensichtlich an einer Antwort nicht interessiert, denn sie sprach nach einer kurzen Pause weiter:

«Mir ist die ehrenvolle Aufgabe übertragen worden, den Menschenwesen eine Botschaft zu überbringen. Warum gerade mir, weiß ich nicht. Und warum gerade Ihnen, ist mir schleierhaft, besonders wenn ich mir diese merkwürdige Kiste anschaue, in der Sie hausen.

Ich bin jedenfalls verpflichtet, Sie zu fragen, ob Sie die Sendung annehmen wollen?»

Das Wort, das ich nun stotterte, sollte das erste und letzte Wort bleiben, das ich in dieser Nacht mit der Katze wechselte:

«Ja.»

Hätte ich damals gewußt, was die nächsten zwölf Jahre mir bringen würden, in jener Nacht hätte es Katzenbraten gegeben. Heute sehe ich die Dinge anders.

«Gut», sagte König Romero, «diese Formalität wäre erledigt. Wissen Sie, wir können nur mit erwachsenen Menschenwesen zusammenarbeiten. Erwachsene sind Herr ihrer selbst – und nach unserer Erfahrung zugleich das seltenste Gewürz auf eurem merkwürdigen Planeten.

Doch lassen Sie mich ohne Umschweife zum Kernpunkt kommen. Funktioniert das Tonband dort? Stellen Sie es an, denn wir haben kein großes Zutrauen zu eurer Fähigkeit, das gesprochene Wort korrekt wiederzugeben. ‹Stille Post› spielt bei euch jeder, und die Zeit der Geschichtenerzähler, die nichts hinzufügten und nichts wegließen, ist vorbei.»

Ich fummelte. Romero legte langsam seine Pfote auf ein verschnürtes Päckchen und fuhr fort:

«In diesem Paket finden Sie vier separate Dokumente, die von unserem Großen Rat wieder einmal zur Veröffentlichung in der Welt der Menschen freigegeben wurden. Ihre Aufgabe wird es sein, die Veröffentlichung und Verbreitung dieser Papiere in die Wege zu leiten.

Im Vertrauen gesagt: Sie werden darin nichts finden, was nicht schon zu irgendeiner Zeit einmal auf Ihrem Planeten gesagt, überliefert oder geschrieben wurde. Aber in fast allen Fällen kam es entweder zur falschen Zeit, am falschen Ort oder in der ungeeigneten Zuhörerschaft an das Licht eurer Sonne. Oder so verzerrt und falsch vermittelt, daß sein Nährwert gleich Null bleiben mußte.

Obwohl ich persönlich dafür nicht das geringste Verständnis habe, hält der Große Rat die Zeit für reif, euch wieder einmal mit diesen Informationen zu konfrontieren.»

Mit einer blitzschnellen Bewegung fing König Romero eine Fliege, sagte leise «Ich danke dir» und fraß sie auf.

«Wo war ich stehengeblieben?» sagte er und wischte sich einen Fliegenflügel aus dem Mundwinkel. «Ah ja. Kurz gesagt, es geht um folgendes: Vor Tausenden von Jahren, als es noch keine Menschen gab, lebten Ihre Vorfahren und meine in derselben Welt. Wir atmeten die gleiche Luft, jagten gemeinsam, jagten uns gegenseitig, fraßen und wurden gefressen und entwickelten uns. Doch dann trennten sich unsere Wege. Auf der Skala dessen, was ihr ‹Evolution› nennt, habt ihr eine Pause eingelegt und euch Pausenwesen den Titel ‹Krone der Schöpfung› angemaßt, während wir den Großen Plan weiter erfüllt haben.

Diese Pause war im Großen Plan vorgesehen. Nicht vorgesehen war, daß ihr fast ausnahmslos vergessen habt, die Pause zu beenden. Ihr habt den Auftrag vergessen, den jeder Mensch durch seine Geburt erhalten hat. Klar, wer sich als ‹Ziel und Endpunkt der Evolution› begreift, kommt nicht auf die Idee, die Reise fortzusetzen.

Nun gut, ich bin nicht als Ankläger des Chefs gekommen. Das hat noch nie etwas gebracht – Erbsünde und dieser ganze Quatsch ...

Ich möchte feststellen: Seit vielen Jahrhunderten, in verschiedenster Verkleidung und Gestalt, manchmal sogar als Menschenwesen, haben wir versucht, euch zu wecken, manchmal brutal und hart, manchmal so subtil, daß die Katzen in eurer Welt die einzigen Lebewesen waren, die es merkten – aber stets liebevoll und freundschaftlich.

Daß ihr natürlich nichts Besseres zu tun hattet, als diese ‹Tritte in den Hintern›, wenn Sie diesen Ausdruck erlauben, dazu zu mißbrauchen, eure Lethargie und Trägheit, eure Pause zu verlängern, lag nicht in der Absicht und auch nicht in der Verantwortung derer, die mit dieser Aufgabe befaßt waren.

Die so oft mißverstandenen Versuche, euch an euren eigentlichen Job zu erinnern, habt ihr in euren Sprachen mit den vielfältigsten Etiketten belegt, und das, obwohl es stets und immer um ein und dasselbe ging. Ich denke da an Bezeichnungen wie ‹Religion›, ‹Mystik›, ‹Schamanismus›, ‹Magie›, ‹Alchimie›, ‹Psychologie›, ‹Wissenschaft› – die irreführendste Bezeichnung von allen – und natürlich ‹Esoterik›. Doch davon später in den Dokumenten.

Mich schaudert bei dem Gedanken, wie sehr ihr die Fähigkeit, Gold in Scheiße zu verwandeln, im Laufe der Jahrtausende kultiviert habt – und sogar noch stolz darauf seid.»

König Rico Valdosar de Romero schüttelte sich kurz und grinste dann wie die Grinsekatze aus «Alice im Wunderland».

«Verzeihen Sie meinen kleinen Ausbruch. Manchmal erlaube ich mir diesen Luxus.

Nun gut. Glücklicherweise waren unsere Versuche nie gänzlich erfolglos. Manche von euch Menschen haben es geschafft und den Großen Weg und das Ziel gefunden. Und viele von ihnen wandeln gänzlich unerkannt mitten unter euch und helfen, so gut sie können, ein Gegengewicht zur Erdenschwere und Selbstsüchtigkeit eures Tuns und Lassens zu bilden. Ohne die Arbeit dieser Menschenwesen, die nicht mehr belästigt werden von den vier Grundpfeilern eures täglichen Lebens – Gier, Angst, Ungeduld und Trägheit –, gäbe es keinen Grund für mein Kommen, es gäbe keine Ohren zu hören und keine Augen zu sehen. Es gäbe keine Erkenntnis, kein Licht, keine Liebe.»

An dieser Stelle verzeichnet mein Tonband eine lange Pause. Ich kann mich aber nicht mehr erinnern, was ich in diesen Minuten dachte, ob ich überhaupt irgend etwas dachte ...

Dann fährt Romero fort:

«Die vier Dokumente, die ich mitführe, befassen sich mit folgenden Themen:

In eurem Sprachgebrauch würde ich das erste Dokument mit dem Titel ‹Was ist Esoterik?› überschreiben. Sie können auch statt ‹Esoterik› jeden anderen der Begriffe einsetzen, die ich vorhin nannte. In Wirklichkeit geht es nur darum, euch zu erinnern. Euch zu erinnern, was ihr überhaupt in dieser Welt verloren habt – im wahrsten Sinne des Wortes –, und daß ihr nicht auf die Welt gekommen seid, um zu schlafen.

Um Klartext zu sprechen: Das Streben nach Sicherheit, nach Macht und vor allem nach Aufmerksamkeit, das euer Leben regiert, die Besessenheit von Sex, von der Jagd nach Geld – das sind die Superdrogen, die euch im Zustand ständiger Betäubung halten. Alle anderen eurer Drogen, vom ‹Koks› bis zum ‹TV›, wie ihr sie nennt, sind nur Bestandteil von Ablenkungsmanövern, um euch am Erkennen des Vorhandenseins und am Durchschauen der Wirksamkeit dieser echten Drogen zu hindern. Das erste Dokument ist nichts anderes als ein Wecker. Die Entscheidung, sein Klingeln zu hören oder zu überhören, liegt bei euch.»

Sorgsam leckte sich der König der Katzen die Pfoten, warf einen raschen Blick zum Fenster, als er das Zwitschern des ersten erwachenden Vogels hörte, und fuhr dann fort:

«Das zweite Dokument befaßt sich mit einer besonderen Schwierigkeit, mit der alle Menschen konfrontiert sind, die das Klingeln des Weckers zwar gehört haben, aber nicht wissen, wie sie den Weg aus ihrer Situation heraus finden sollen, wie sie in Kontakt treten sollen mit einem unserer Botschafter und Lehrer. Pseudo-Lehrer gibt es auf eurem Planeten wie Fliegen auf dem Misthaufen. Sie sind ein direkter Ausdruck einer Nachfrage-und-Angebot-Situation. Ich könnte viele Worte verlieren über diese Vampire und Blutsauger, über diese Drogenhändler und Dummschwätzer, aber ich bin meinem Professionalismus verpflichtet. Ich möchte deshalb bekräftigen, was bei uns jedes Kind weiß:

Die nötige Anstrengung, um den Großen Weg zu finden und zu gehen, muß von demjenigen geleistet werden, der ihn gehen will. Wir können niemanden zwingen. Wir können nur die Wahrscheinlichkeit erhöhen helfen, daß ihr richtige Entscheidungen trefft.

Die nötige Bescheidenheit, zu erkennen, daß der Große Weg ohne kompetente Anleitung nicht gegangen werden kann, muß von demjenigen erworben werden, der sich nicht nur mit dem Suchen zufriedengeben will, sondern der auch am Finden interessiert ist.

Die nötige Intuition, um das Richtige vom Falschen zu trennen, um Sackgassen und Umwege zu vermeiden, um den kompetenten Reiseleiter zu entdecken, muß von demjenigen kommen, der das Ziel erreichen will.

Das zweite Dokument liefert euch das Handwerkszeug, die Kriterien, die ihr – mit Bedacht und Vorsicht – verwenden könnt, um die Wahrscheinlichkeit des Findens zu erhöhen. Sie müssen einen Lehrer finden, der Ihnen beibringt zu lernen, wie man lernt. Wenn Sie lernen können, brauchen Sie keinen Lehrer mehr.»

Meine Beine waren eingeschlafen. Ich setzte mich bequemer hin, und zum Stechschritt von tausend Ameisen an meinen Waden und Oberschenkeln sprach Romero weiter:

«Das dritte Dokument halte ich eigentlich für überflüssig, wie ich alles für überflüssig halte, was einem den Lohn der eigenen Mühe vorenthält. Es enthält eine Anleitung für den Umgang mit dem vierten Papier, einer Sammlung von Geschichten, die wir seit Jahrtausenden in unseren Kindergärten verwenden, um unseren Kleinen so schnell wie möglich die ‹Überquerung des Großen Wassers› zu ermöglichen, wie einer unserer frühen Botschafter auf eurer Welt es ausdrücken würde.

Die Geschichten und Anekdoten des vierten Papiers müßt ihr auf eine bestimmte Weise in der armseligen Mühle, die ihr ‹Geist› oder ‹Denken› nennt, verarbeiten. Welche Möglichkeiten euch dabei offenstehen, demonstriert das dritte Papier in einer meiner Meinung nach sehr oberflächlichen Weise. Unser Großer Rat muß wirklich sehr wenig von euch halten, wenn er dieses Papier beifügt...»

An dieser Stelle des Tonbands ist ein leises Knattern zu hören, wie meine Kugelkopfschreibmaschine in Händen einer perfekten Sekretärin in einem Kilometer Entfernung – fast wie das Schnurren einer Katze...

«Man könnte also sagen, daß das dritte Dokument eine Anleitung für die Benutzung einer Anleitung ist, nämlich für die Geschichtensammlung im vierten Papier.

Na ja, vielleicht... Erst liegen, dann kriechen, dann stehen, dann laufen, dann fliegen...»

Der letzte Satz war sehr leise gesprochen, ich habe ihn erst mit dem Kopfhörer wieder verstehen können.

«Die Papiere wurden übrigens von unseren Spezialisten in eure Sprache transponiert, Sie werden keine Schwierigkeiten haben, den Inhalt auf die Lage Ihres kleinen blauen Planeten zu übertragen. Hoffen wir...

Der Rat verspricht sich von diesen Papieren offenbar eine Art Zündungswirkung, denn für sich allein betrachtet sind sie wertlos. Wenn Sie das dritte Papier lesen, verstehen Sie, was ich meine. Die Dokumente können Ihnen helfen, einen ‹Schlüssel› zu feilen.

Viele werden sich jedoch von ihrem Inhalt nur gut unterhalten lassen und dann ruhig weiterschlafen.

Manche werden sich berühren lassen, so, wie ein Wassertropfen einen Elefanten berührt.

Einige werden darüber diskutieren und weiterhin Meinung, Überzeugung, Vermutung, Annahme und Glauben mit Erkenntnis verwechseln – eine der schlimmsten Seuchen, die euer Planet hervorgebracht hat.

Wenige werden sie weitererzählen, ohne sie verstanden zu haben.

Sehr wenige werden durchschauen, was sich hinter diesem Stoß Papier verbirgt: nämlich ein Reiseführer.

Und die allerwenigsten werden die Reise antreten und zu Ende gehen...

Wissen Sie, in meinen Augen ist die eigentlich schlimmste Krankheit auf Ihrem Planeten die Tendenz, irgend etwas für ‹selbstverständlich› zu halten. So, wie es ‹selbstverständlich› keine sprechenden Katzenkönige im Herzen der Nacht gibt, nicht wahr?

Ich wünsche Ihnen eine gute Nacht und eine gute Reise.»

Eine gute Reise. Das waren Kater Romeros letzte Worte.

Zwei grüne Lichtpunkte verglühten. Sie waren das letzte, was ich vom König der Katzen zu sehen bekam. Draußen zwitscherten schon die Vögel, und es wurde langsam hell.

Wo der König zu mir gesprochen hatte, lagen die Papiere. Und sie waren auch noch da, als ich am nächsten Morgen, etwa gegen zwei Uhr nachmittags, wieder in den Keller zurückkam.

Ich habe es für das Beste gehalten, Ihnen diese Geschichte zu erzählen und – getreu und ohne ein Wort verändert zu haben – die vier Dokumente zur Verfügung zu stellen (gegen Einsendung einer kleinen Spende schicke ich Ihnen auch eine Kopie des Tonbandes – siehe Schluß des Buches). Damit erfülle ich König Rico Valdosar de Romeros Auftrag.

Hier sind die Dokumente:

Der Grosse Rat

Botschaft für den Planeten Erde

Zentralarchiv / Band XIV, Blatt 1–16
Gültigkeitsdauer: seit 1880 (Erdzeit)

Titel: Die schlafenden Löwen

Die schlafenden Löwen

Wissenschaft, Religion, Mystik, Magie und Esoterik – wie ihr es nennt – sind heutzutage meist nur die leeren Nußschalen eines ehemals lebendigen Kerns. Dieser lebendige Kern ist nichts weniger als das Wissen von der inneren, von der spirituellen Entwicklung des Menschen und von seiner Selbstverwirklichung – in harmonischer Übereinstimmung mit den Notwendigkeiten und Zielen der Evolution.

Und von diesem Kern und von den Regeln, die zu beachten sind, wenn man sich ihm nähern möchte, soll hier die Rede sein.

Der Organismus der Menschenwesen ist so eingerichtet, daß er für bestimmte Zwecke kurzzeitig Schlaf braucht. Dauerschlaf oder auch nur dauernder Halbschlaf wäre demnach gleichbedeutend mit einer Vernachlässigung oder gar Ablehnung jeglicher Zweckbestimmung dieses Organismus.

Wir möchten klar feststellen: Der Mensch befindet sich gleichsam in einem Zustand unruhigen, fiebergeschüttelten Schlafs, fast wie ein nicht enden wollender Alptraum. Mitten im Schlaf stellt er sich die Frage, welchen Sinn sein Dasein in der Welt hat, ob es diesen Sinn überhaupt gibt und wie er ihn entdecken und verstehen kann. Fast niemals jedoch fragt er sich gleichzeitig, ob er die zur Beantwortung nötigen Fähigkeiten besitzt. Er versucht etwas zu tun, was er gar nicht kann.

Normalerweise hat er ohne die Kenntnis der Methoden, mit deren Hilfe zuerst die Fragen formuliert und dann die Antworten gefunden werden können, keine Möglichkeit, zu korrekten Ergebnissen zu gelangen. Er befindet sich in der Lage eines fünfjährigen Menschenkindes, das seinen Vater fragt: «Papi, wie *ist* es, wenn man Atomphysiker ist?»

Die Wurzel seiner Verwirrung liegt in der Überzeugung, er könne die «Wahrheit» mit empirischen Methoden entdecken – so als ob man nur einen Vortrag über den Nährwert einer Banane besuchen müsse, um satt zu werden. Diese absurde Annahme dient ihm als Ersatz für ein authentisches und direktes Erkennen der Wahrheit. Abgeleitet hat er sie aus dem, was er «Wissenschaft» nennt – eine höchst primitive Verallgemeinerung von Dingen, die nur kurzfristig und im kleinkarierten Maßstab seiner Schlaf-Welt «funktionieren».

Er gibt sich mit den Bröseln im Keller des Hauses der Wahrheit zufrieden.

Da sich der Mensch in der Machtvollkommenheit seiner Schlafsituation nun mal für die Überzeugung entschieden hat, er könne allein und ohne jede Hilfe seine Bestimmung entdekken, ist er gezwungen, sich selbst mit bestimmten Fähigkeiten auszustatten. Anfangs nehmen diese Fähigkeiten die Form vorsichtiger Hypothesen an; rasch verwandeln sie sich aber in starre Glaubenssysteme, in «fixe Ideen». Diese Systeme entsprechen dann auf Grund der Schlafautomatismen nach kurzer Zeit präzise den Vorstellungen, die sich der einzelne Mensch von seiner Zukunft, seiner Bestimmung und Transzendenz macht. Weil er diese Hypothesen und Glaubenssysteme nun auch seinem Handeln im Alltag zugrunde legt, findet er schließlich genau das Gegenteil der Wahrheit, die er sucht.

Das Resultat ist Selbstliebe, Egoismus und Unbeweglichkeit.

Das zugrundeliegende Konzept – ursprünglich von Bedeutung und in bestimmten Bereichen des menschlichen Lebens immer noch von Bedeutung – wird nach und nach immer «heiliger» und mit hochtrabenden Namen wie «Würde des Menschen» und «Überlegenheit von Logik und Intellekt» usw. bedacht. So tituliert findet es einen Platz neben anderen «heiligen» Begriffen und Vorstellungen, die niemals in Frage gestellt werden dürfen, ob sie funktionieren oder nicht. Sie dürfen auch dann nicht ausgemustert werden, wenn ihr Mißbrauch zur Gefahr für das Überleben der Menschen und zum Konditionierungsmechanismus wird – wie etwa die Konzepte von «Patriotismus», «Freiheit», «Streben nach Glück» usw.

Der Mechanismus der Konditionierung und Dressur ist eines der Hauptwerkzeuge der Selbstbetäubung auf eurem Planeten. Er ist es, der euch in den Schlaf wiegt.

Ein Automat hat es nicht nötig, sich selbst gegenüber wach, aufmerksam und bewußt zu sein. Sein Programm läuft einfach ab. Besonders der auf eurem Planeten so hochgehaltene «Freie Wille», die «Freiheit, tun und lassen zu können, was man will», ist eines der subtilsten und deshalb wirksamsten Schlafmittel. Niemand schläft tiefer als derjenige, der glaubt, schon wach zu sein.

Abgesehen davon, daß wahre Freiheit dem Menschenwesen zwei Gramm Rechte und zwanzig Kilo Pflicht und Verantwortung für seine Mitmenschen bringen, hat einer unserer Botschafter euch einmal vor zwei Jahrzehnten diese Wahrheit zu Ohren gebracht:

«Ihr seid in all eurem Tun konditioniert und subjektiv. Ihr *seid* nicht wirklich. Ihr brüstet euch mit der Freiheit der Wahl. Laßt euch sagen, daß gerade die Freiheit einer der Faktoren ist, die euch am meisten verwirrt und schwächt. Sie gibt euch freie Fahrt für eure Neurosen, eure oberflächlichen Reaktionen und eure Geistesverwirrung. Euer Ziel sollte Freiheit *von* der Wahl sein! Vor zwei Handlungsalternativen gestellt, verbringt ihr Zeit und Kraft damit zu entscheiden, welche ihr akzeptieren sollt. Ihr geht dabei das gesamte Spektrum politischer, emotionaler, sozialer, materieller, psychologischer und physiologischer Konditionierung durch, bevor ihr eine Antwort habt, die euch dann meistens auch noch nicht befriedigt, weil immer Zweifel bleiben werden. Wißt ihr überhaupt, wie frei ihr seid, wenn ihr keine Wahl habt? Wißt ihr, was es bedeutet, so schnell und sicher zu wählen, daß ihr überhaupt keine Wahl habt? Die Wahl, die ihr dann trefft, basiert dann auf solch positiver Erkenntnis, daß es gar keine Alternative gibt.»

Seit Anfang eurer Zeiten haben wir euch Botschafter und Lehrer geschickt, die sich selbst außerhalb dieses unheilvollen Systems bewegen – zumindest wirkungsvoll genug, um einigen Menschen die Chance zu geben, zu entdecken, daß der Mensch eine Aufgabe hat, und um zu beurteilen, worin sie besteht und wie er sie fördern kann.

Für viel Verwirrung hat bei euch die Tatsache gesorgt, daß diese Boten ihr Wissen und ihre Impulse unter den verschiedensten Namen und mit den unterschiedlichsten äußeren Formen vermittelt haben. Kaum jemand bei euch ahnt, daß die Architekteninnung, die für den Bau vieler der schönsten Kathedralen verantwortlich ist und aus der sich später im «Degenerationsprozeß» eure Freimaurer entwickelt haben, eine unserer Abordnungen war. Oder daß eure Legende von König Artus, daß die Troubadoure, die Rosenkreuzer, der Zen-Buddhismus, daß Jesus, Buddha, Abraham, Meister Eckehart und viele andere nur Spektralfarben ein und desselben Lichtstrahls waren, der euren Schlaf stören sollte.

Der Grund für dieses scheinbare Verwirrspiel ist einfach zu formulieren: Jede unserer Abordnungen kam, paßte sich Zeit, Ort und herrschenden äußeren Umständen an, erfüllte ihre Aufgabe und unterlag nach deren Beendigung einem Naturgesetz, das bei euch greift, nämlich dem Kristallisations-, dem Versteinerungsprozeß. Statt sich fließend und dynamisch neuen Gegebenheiten anzupassen, verwandelt sie sich in eine «Institution»; Doktrin und Dogma lösen die Vermittlung der Wahrheit ab, bis hin zu psychischer und physischer Manipulation und Gewalt. Beispiele für diesen Prozeß kennt eure Geschichte zuhauf. Daß Menschen für die Behauptung, die Erde sei eine Kugel oder Seide stamme von Würmern und nicht von «Engeln», geteert und gefedert wurden – diese Zeit ist noch nicht allzulange vergangen. Und ob es heute besser ist, das müßt ihr selbst beurteilen. Beobachtet einfach die Reaktionen auf die Veröffentlichung dieses Dokuments.

Wir kannten und kennen diese Mechanismen. Wir haben deshalb schon immer unsere Vorkehrungen getroffen, um diese Tendenz zur Versteinerung zu neutralisieren. Das Äußere unserer «Schulen» wurde deshalb ständig erneuert und aufgefrischt in Übereinstimmung mit den Notwendigkeiten von Zeit, Ort und Umständen.

Ich möchte euch nun mit einigen Analogien für den Stand der Dinge auf dem Planeten Erde vertraut machen, um ein Gefühl für den wahren Zustand bei euch zu wecken und gleichzeitig Möglichkeiten anzudeuten, wie ihr ein Schlupfloch aus eurem Käfig entdecken könnt.

Die folgende Analogie ist nur als Schlaglicht gedacht, nicht als wörtlich zu nehmende Aussage.

Der Mensch hat eine *evolutionäre* Bestimmung. Wie wir auch entwickelte er sich in aufeinanderfolgenden Wellen von Kraftanstrengung. Nach jeder Stufe veränderte er sich – das Mineral wurde zur Pflanze, die Pflanze zum Tier, das Tier zum Menschen. Auf jeder Stufe entwickelte er sich hinein in einen neuen Bereich des Seins, in eine neue Form der Nahrung, in eine neue Umgebung. Auf Grund der Notwendigkeiten der jeweiligen Neuanpassung verlor er die Erinnerung an die Anstrengung der früheren Phasen, denn nachdem erst einmal die Notwendigkeit zur Weiterentwicklung «erkannt» worden war, wurde auf jeder Stufe eine völlige Neustrukturierung nötig.

Auf der Ebene des alltäglichen Menschseins äußert sich das Aufkommen dieser «evolutionären Notwendigkeit» in einem bestimmten Gefühl, in einem Drang, nach vorn zu kommen, «Erfolg» zu haben, vorwärts zu gehen, nach «oben» – «weg von hier». Wer diese Erkenntnis nicht auf die richtige Weise entwikkelt, bleibt «Mineral, Pflanze, Tier».

Der «Drang nach oben» sorgt für Unzufriedenheit und Bitterkeit, wenn er sich nicht durch einen in sich harmonischen Fortschritt ausdrückt. Die falschen Ziele und Werte, die euch eure «Kultur» anzubieten hat, gleich ob von Religion, Kunst, Politik usw., können diesem Drang niemals als konstruktiver Kanal dienen. Ein Scheitern ist geradezu vorprogrammiert. Die Unzufriedenheit des Menschen kann man deshalb der Tatsache zuschreiben, daß er den Weg zur Erfüllung seiner Aufgabe, sich auf eine ganz bestimmte Weise zu entwickeln, nicht gefunden hat.

Dieser grundlegende Drang kann manchmal sehr stark sein; um so stärker wächst dann auch der Zwang, sich Ersatz zu beschaffen, der vorübergehende oder stimulierende «Erfüllung» liefert. Halbbewußt auf der Suche nach einer Deutung seiner Situation, kommt der Mensch schließlich zu der Überzeugung, dieser unnatürliche Stand der Dinge müsse sein unabänderliches Schicksal sein. In diesem Stadium ist er gezwungen, sein Denken neu zu arrangieren: Um sich selbst zur Fortsetzung seiner Anstrengungen zu zwingen, muß er sich die Überzeugung basteln, seine Unentschlossenheit und Angst, seine Ungewißheit und Unsicherheit, die Unvollständigkeit selbst seien *zwingend notwendige* Bestandteile seines Lebens. Das schlimme ist, daß ihr damit durchaus recht habt, wenn ihr den primitiven Gebrauch roher Triebe und Dranggefühle als die Gesamtheit des möglichen und realen Seins und der Erfahrung betrachtet.

Auf Grund eines Gefühls von Leere und Sinnlosigkeit und auf Grund der Funktion, die der Mensch diesem Gefühl zuweist, geht er nun davon aus, daß seine eigene Aufgabe auf der Welt *genau die* ist, die er wahrnehmen kann, und keine andere – so wie ein Blinder annimmt, daß eine Kerze ausschließlich eine Wärmequelle sei. Er mag sich durch sein Unvermögen bedroht und unsicher fühlen, aber da er keine echte Vorstellung davon hat, was «Sehkraft» bedeutet, denkt er ausschließlich in Kategorien von «Kälte» und «Wärme».

Unsere Aufgabe ist es unter anderem, euch klarzumachen, daß die Diagnose, «Triebe» seien nur auf das Überleben gerichtet, äußerlich und oberflächlich ist. Diese Überzeugung ergibt sich nur dann, *wenn die Menschen davon ausgehen, «Überleben» sei das einzige, was ihnen im Leben zu tun übrigbleibt.* Ihr müßt euch vergegenwärtigen, daß sich diese Folgerung noch nicht einmal aus dem bei euch vorherrschenden Phänomen der «Rastlosigkeit» ergibt. Sie ist nur in den Spekulationen enthalten, die aus dem täglichen Umgang des Menschen mit der Rastlosigkeit resultieren.

Verfolgen wir einmal die Analogie «Blindheit» statt der bisher verwendeten «Schlaf»-Analogie. Viele unserer Botschafter haben sich dieses Vergleichs bedient, um euch eure Situation aufzuhellen – im wahrsten Sinne des Wortes. Mit ihrer Hilfe läßt sich die Unlogik in euren Überzeugungen illustrieren, und dies sogar mit Hilfe der unvollkommenen Ausdrucksweise, auf die euch eure «Logik» beschränkt.

Nehmen wir einmal an: Ein Sehender versucht einem Blinden zu erklären, was «Farbe» ist. Der Blinde sagt, er könne das Konzept «Farbe» nicht begreifen, und bittet um eine Demonstration, um eine Beschreibung, um eine Parallele. Der Sehende kann nun viele Wege beschreiten, um diese Bitte zu erfüllen. Nehmen wir an, er sagt: «Mit Hilfe der Sehkraft wirst du deine Sinne ins Gleichgewicht bringen können. Dein jetziges überscharfes Hören wirst du dann nicht mehr so nötig haben, es wird schwächer werden.»

An diesem Punkt unterbricht ihn der Blinde: «Mein Hören behindern? Die wertvollste Gabe, die ich besitze! Meine Feinde ungehört anschleichen lassen? Meine ganze Welt würde zusammenbrechen. Man kann mich wirklich nicht davon überzeugen, daß das eine Verbesserung meiner Situation wäre. Im Gegenteil!»

Merkt ihr? Selbst dann, wenn wir den Blinden vom Nutzen der Sehkraft überzeugen könnten, wären wir immer noch mit der Schwierigkeit konfrontiert, ihm die Erfahrung von Sehkraft vermitteln zu müssen, *bevor* er sie nutzbringend einsetzen kann. Darin bestand und besteht unser Dilemma.

Ihr könnt euch nun diese «Blinden»-Analogie vornehmen und versuchen, mit intellektueller Spitzfindigkeit eine Methode zusammenzumixen, mit deren Hilfe wir die Probleme des Blinden überwinden oder umgehen könnten. Aber ihr würdet dann das Ergebnis nicht in eine Methode, in eine Formulierung übertragen können, wie wir sie für unser eigentliches Ziel brauchen. Unsere Analogie ist nämlich nur eine Veranschaulichung und hat keine angemessene Beziehung zu der Schwierigkeit, mit der wir uns konfrontiert sehen, nämlich euch an euren Auftrag zu erinnern und den Weg dafür zu weisen.

Ihr habt euch im Laufe der Zeit selbst dazu dressiert, euch ausschließlich auf Intellekt und Gefühl zu verlassen, und das (aus gutem Grund) sogar noch in den Zeiten, als ihr «auf der Stelle tratet». Als Folge dieses Gewohnheitsmusters verlangt ihr aber jetzt, daß sich alles diesen künstlichen Bedingungen anpaßt, bevor ihr zu einer Überprüfung bereit seid: «Zeig mir was Neues, aber ich muß es schon kennen ...»

«Sag mir, wie wird das Sehen mein Hören unterstützen können?» fragt der Blinde. Genau das ist es, was in unseren Kindergärten als «auf dem Kopf stehende» Weisheit gelehrt wird. Da sie schon tief in euer Fleisch und Blut übergegangen ist und zudem durch intellektuelle Haarspalterei «gerechtfertigt» und «bewiesen» wurde, konnte die Aufblähung des Intellekts, der Intellektualismus als solcher, zur wahren Barriere eurer Entwicklung werden.

Nutzloses Endprodukt dieser Entwicklung ist das intellektuelle Streben selbst. Der Mensch wurstelt vor sich hin. Ideen dringen in seinen Geist ein, werden augenblicklich mit anderen Ideen verknüpft, werden kategorisiert und folgen bestimmten Mustern von mehr oder weniger großer Bedeutung und scheinbarer Wichtigkeit. Das ist ein geschlossener Kreislauf, wenn auch nur selten als solcher wahrgenommen, weil es einfach eine überaus große Vielfalt von Umgruppierungsmöglichkeiten gibt.

Es fällt euch deshalb leicht, euch die *Illusion* von Entwicklung, ständigem Wandel und großer «Farbigkeit» eures Lebens zu erhalten. Daher haben auch Phänomene wie «Mode», «Trend» und dergleichen auf geistigem Gebiet wie auch in allen anderen Bereichen des Lebens bei euch einen solch hohen Stellenwert. Und daher auch der manchmal überraschend radikale «Sinneswandel», das Verändern von «tiefen» Gefühlen und Überzeugungen, das «Wendehals»-Phänomen. Darin liegt kein echter Fortschritt, man wechselt nur die «geistigen Kleider». Der Kern, die zugrundeliegende Angst, Machtgier, der Egoismus, die Faulheit, die Gier wandeln sich nicht.

Wahrheit ist unteilbar und unwandelbar, sie unterliegt keiner Modeströmung und ist nicht offen für Diskussion und Kompromiß.

Doch nun zur wichtigsten Frage. Wie könnt ihr dann die Fähigkeit zu sehen, die echte innere Entwicklung aktivieren?

Sie besitzt ihre ganz besondere, von euch «Blinden» – auch von den «Psychologen», «Esoterikern», «Priestern» und «Wissenschaftlern» – zum größten Teil nicht wahrgenommene Methodik. Doch auch der Blinde kann zu jenen wenigen gehören, in denen sich die erwachende «Sehkraft» in Ansätzen zu Wort meldet. Organe verdanken ihre Existenz den richtigen Entwicklungsbedingungen. *Sie entstehen als eine Reaktion auf die Notwendigkeit der Anwendung dieser Organe.* Wie ein Muskel, von dessen Existenz ein Mensch nie etwas geahnt hat und der sich erst bildet, wenn er gebraucht und trainiert wird.

Organe und Fähigkeiten müssen «hervorgeholt» werden, sie entwickeln sich niemals von selbst. Diesem Prozeß habt ihr den Namen «Evolution» gegeben. Dieses Hervorholen ist ein Bestandteil dessen, was zuvor die «eigene Methodik» genannt worden ist. Seit Jahrtausenden existiert ein Kanal für diese Methode.

Praktisch sieht das so aus, daß die «Sehfunktion» nur von schon mit «Sehkraft» begabten Menschen vermittelt werden kann, die gleichzeitig wissen, *wie* man sie in Funktion setzt. Der

Blindenführer selbst muß diese beiden Qualifikationen besitzen. Diese Menschen, unsere Repräsentanten, brauchen dabei ein Mindestmaß an Mitwirkung auf seiten der «Geführten».

Das Wort «Führer» verwenden wir mit viel Bedacht und Vorsicht. Um es zu definieren: Ein Führer war selbst an einem bestimmten Ort, er kennt den Weg dorthin und hat die Aufgabe, andere an diesen Ort zu führen. Daher werden die von uns ausgebildeten Lehrer oder unsere Abgesandten auch «Meister» oder «Leiter» genannt. Ein Leiter ist jemand, der weiß und der vorangeht. Gleichwohl müssen die Menschen, die man durch einen Wald führt, auf ihren eigenen Füßen gehen. Und darin liegt auch der Grund dafür, daß wir nur mit «erwachsenen» Menschenwesen zusammenarbeiten können. Wer lediglich seinen Schnuller gegen einen anderen austauschen möchte, weil ihm der alte nicht mehr schmeckt, wer Bequemlichkeit zu seinem Lebensinhalt und -zweck gemacht hat, sollte diese Reise vorerst nicht antreten.

Worauf gründet diese Zusammenarbeit? Es sind zwei Faktoren, und beide müssen ins Spiel gebracht werden, bevor es Fortschritte geben kann. Der erste besteht in der Notwendigkeit, die vorgefaßten Meinungen, die eurem gewöhnlichen, eurem «Schlafdenken» innewohnen, ans Licht zu bringen und *als solche wahrzunehmen*. Niemand muß sie über Bord werfen, denn in ihrem eigenen begrenzten Bereich haben sie durchaus eine Funktion. Eure größte Barriere, nämlich eure Dressierbarkeit, hat ja auch nützliche Anwendungsbereiche. Keiner könnte ein Auto steuern ohne diese Fähigkeit. Aber ihre Begrenztheit muß erkannt werden, und dies nicht nur als Hypothese, sondern sozusagen als Fingerübung erwachender Intelligenz und «Sehkraft».

Genau im gleichen Maße, wie ihr falsche oder untaugliche Annahmen in diese «Evolutionsarbeit» übernehmt, wird es nur die Illusion von Entwicklung geben, aber keinen echten Fortschritt, wird es zu Frustrationen kommen, hauptsächlich aus anfänglicher Begeisterung, Interesse und Euphorie.

In eurem Schablonendenken behauptet sich zudem ein Schutzmechanismus, der verhindern soll, daß ihr euch wie Narren vorkommt, die ihre Zeit verschwendet haben. Wir geben zu, es ist nicht einfach zu erkennen, daß womöglich ein ganzes «Lebenswerk» auf Sand, auf untauglichen Prämissen und Illusionen aufgebaut ist. Deshalb möchten wir bekräftigen: Ein Träumer ist kein Narr, er ist einfach nur ein Mensch, der schläft. Man kann einem Schläfer seinen Zustand nicht vorwerfen.

Der zweite Faktor kommt ins Spiel, wenn man Spitzfindigkeiten und intellektuelle Spielchen hinter sich gelassen hat. Ein Mensch, der einmal erkannt hat, daß er in Schablonen dachte oder immer noch denkt, in Denkmustern, die für subtilere Bereiche untauglich sind, ein solcher Mensch kann in fruchtbaren Kontakt treten zu jemandem, der «sehen» kann.

In dieser Phase kann zwischen dem Blinden und dem Sehenden ein Austausch stattfinden. Dieser Austausch manifestiert sich in einem bewußten Erwachen der Wahrnehmungsfähigkeit – dem ersten «Flattern der Augenlider». Ist erst einmal das Unterholz der Gefangenschaft durch den Intellekt ausgelichtet, besteht die Möglichkeit zur Entwicklung der subtilen Wahrnehmungsweise.

Diese Lehre ist im Laufe eurer Geschichte oft falsch wiedergegeben worden. Eure Theoretiker und Nachahmer haben es zugelassen, daß Menschen nur ein Lippenbekenntnis zur *Theorie* abgaben, sie könnten in diesem Bereich ihren Intellekt nicht einsetzen. Statt von dem *Bewußtsein* durchdrungen zu sein, daß intellektuelle Spitzfindigkeit an einem bestimmten Punkt unbrauchbar wird, wurde diese Vorstellung nur als intellektuelle Forderung akzeptiert. Das mag der Gipfel der Absurdität sein, ist aber bei euch Standardmethode im Umgang mit unseren Impulsen. Der Käfig, in dem ihr lebt, wird dadurch weiter ausgebaut und befestigt.

Die Ursache für dieses Dilemma liegt darin, daß ihr den ersten Faktor, nämlich daß Vorurteile aufgedeckt werden müssen, verstandesmäßig relativ leichter erfaßt als den zweiten und dann überzeugt seid, daß der zweite Faktor, oder jedenfalls irgendwelche profitablen Konsequenzen daraus, automatisch folgen müßten. Eine Marionette, die erkannt hat, daß sie eine ist, kennt deshalb noch nicht den Weg, die Fäden abzuschneiden, geschweige denn, was sie mit der neugewonnenen «Freiheit» anfangen soll.

Menschen, die den ersten Faktor erkannt haben, beginnen oft, ihn ihre Mitmenschen zu lehren, ohne die nötige Qualifikation dazu, weil sie selbst nicht in der richtigen Weise von dieser Erkenntnis verwandelt wurden oder von der dynamischen Bedeutung der Lehre durchdrungen sind. Eure Psychologen sind eigentlich Psychohydrauliker, Mechaniker des Geistigen.

Diese Menschen sind überzeugt oder hoffen, daß die Entdekkung des ersten Teils ihnen allein schon den Weg zum zweiten Teil ebnen wird. Doch der wichtigste Faktor fehlt: das Element der persönlichen Führung.

Die Erfahrung von «Sehkraft» kann einzig derjenige vermitteln, der sie schon besitzt und der zusätzlich weiß, wie sie angewendet werden muß. *Wenn er Sehkraft besitzt, ist kein Raum mehr für Experimente.*

Zwei Dinge sind es, die den Erfolg seiner Arbeit behindern:

1. *Der «intellektuelle Kater» blinder Menschen.* Die Theorie von der «Sehkraft» akzeptieren sie zwar, trotzdem suchen sie weiter nach einer intellektuellen oder gar emotionalen Demonstration von «Sehen». Sie sind nicht vom «Touch» durchdrungen, der den wahren Künstler kennzeichnet und nur durch harte Arbeit erworben werden kann.

2. *Die «Mitnahme von Vermutungen».* Ihr laßt euch von anderen nur sehr zögernd führen, weil man euch beigebracht hat (und was euren Alltag betrifft, völlig zu Recht), daß man «die Dinge selbst in die Hand nehmen» müsse. Eure Schlagwortindustrie, eine Unterabteilung des Drogenhandels, hat dies als «Verteidigung der Würde des Menschen» verkauft. Dabei verletzt nichts weniger die Würde des Menschen, als sich für eine gewisse Zeit mit einem kompetenten Menschen zusammenzutun, um eine

hochwertige Fähigkeit zu erwerben. Selbstverständlich ist dazu *Vertrauen* nötig, doch das darf kein blindes Vertrauen sein. Blindes Vertrauen ist ein Attribut des Schlaf-Denkens und hat auf eurem Planeten schon viel Unheil angerichtet.

Ein großer Teil eures Lebens basiert auf dem Konzept, das Leben sei Mühsal und Kampf und werde von der «Angriff-oder-Rückzug-Automatik» beherrscht. Viele von euch glauben, sie wären dazu verpflichtet, ständig Herausforderungen zu suchen oder sich ihnen «zu stellen», sie dann zu analysieren und schließlich zu überwinden. Probleme werden jedoch nur dann zur «Bedrohung», die man bekämpfen oder vor der man zurückweichen muß, wenn es sich um *reale* Bedrohungen handelt. Für viele Menschen wird unweigerlich alles zur «Bedrohung», was sich außerhalb ihres Gefängnisses der Konditioniertheit abspielt. Die Erkenntnis, daß die Erde eine Kugel ist, war niemals eine reale Bedrohung, wurde aber mit aller Schärfe als solche bekämpft.

Wir möchten bekräftigen: Eure Möglichkeiten zur Entfaltung und «Evolution», wie ihr es nennt, reichen weit über das Gefängnis eures Schlafs, eurer Konditioniertheit hinaus, so, wie die Möglichkeiten eines Rosensamens weit über seine Möglichkeiten als kleine schwarze Kugel in der Erde hinausreichen.

Ein Ertrinkender setzt sich oft mit all seinen Kräften gegen seine potentiellen Retter zur Wehr. Ein erfahrener Lebensretter handelt dann am besten, indem er ihn bewußtlos schlägt. Euer Prinzip, daß es unrecht ist, jemanden bewußtlos zu schlagen, wird dabei von einer ungewöhnlichen Situation verdrängt. Die intellektuelle Methode beim Versuch, diese Lehre zu übermitteln, leidet unter ähnlichen Unzulänglichkeiten wie der Intellekt des Menschen, der am Ertrinken ist. Der Ertrinkende will zwar gerettet werden, gleichwohl bekämpft er seinen Retter. Er schlägt wild um sich.

Auch wir haben es bei euch mit Wesen zu tun – so annähernd wir dies in Sprache und Assoziation ausdrücken können –, die in ihrer Agonie wild um sich schlagen. Euer Delirium macht euch glauben, eure Verrenkungen seien ein Beweis für eure Wichtigkeit oder für den Grad eures Verständnisvermögens. Im allgemeinen verbietet es uns die Achtung vor euren Konventionen, solch starke Ausdrücke wie «Delirium» zu verwenden, um bestimmte Aspekte eurer Denkmuster zu beschreiben – einfach deshalb, weil diese Denkstrukturen schon längst ein respektvoll applaudierendes Publikum gefunden haben, das von der Überzeugung durchdrungen ist, etwas Lohnendes gefunden zu haben. Und auch, weil schon ganze Industrien mit Millionen von Arbeitsplätzen mit der Selbstbetäubung des Menschen ihre Umsätze tätigen. Unsere Botschafter haben euch die Geschichte von «Des Kaisers neue Kleider» gebracht, um diesen Zustand zu beschreiben.

Welches Element können wir in dieser Situation beschwören, das denjenigen unter euch zu Hilfe kommen kann, die die Bereitschaft zum Aufwachen mitbringen?

Es ist dies: Eine Sache erkennt man an ihren Eigenschaften. Ein Wesen, das eine im Augenblick für euch noch unfaßbare Eigenschaft besitzt, kann diese der schlummernden Essenz des «Auges» des Blinden mitteilen.

Zwei Bedingungen muß der Sehende erfüllen, um anderen zur «Sehkraft» zu verhelfen: Erstens muß er das Dilemma in realen Bezügen beleuchten – ohne intellektuelle Spielchen. Zweitens muß er *persönlich* seinen Wesensunterschied und sein Potential dem Blinden vermitteln.

Den ersten Punkt haben wir schon behandelt. Der zweite Teil kommt ins Spiel durch die innere Erkenntnis, daß es etwas gibt, was von überragender Bedeutung ist, jenseits aller Zeitvertreibe, mit der ihr euer Leben fristet. Der «Blinde» wird jedoch nur so weit, wie er seine erste Lektion gelernt hat, den zweiten Teil des Impulses wahrnehmen können. Unglücklicherweise weiß der normale Blinde nicht – und will es oft genug auch gar nicht wissen –, daß es eben *zwei* Phasen gibt. Er möchte gerne zwei Mauern auf einmal überspringen, weil er sie für eine einzige hält – wie wenn ein Kind auf eurem Planeten sagt: «Gib dir keine Mühe, mir das Alphabet beizubringen. Ich möchte wissen, wie man *Worte* liest!» Der Lehrer wird vielleicht sagen: «Aber du mußt zuerst die Buchstaben lesen lernen.» Und das Kind wird dann oft zustimmen, aber zu seinen eigenen Bedingungen: «Gebongt, Herr Lehrer. Buchstaben lesen zu können ist selbstverständliche Grundvoraussetzung. Wenn du willst, akzeptiere ich ohne Wenn und Aber, daß das die wichtigste Grundlage für das Lesenlernen ist. Aber zeig mir bitte jetzt die Worte und was sie bedeuten.»

Kommen wir nun zu den Voraussetzungen, die «Blinde» und «Sehende» erfüllen müssen, damit euch Menschen das Unternehmen «Sehkraft», das vor euch liegt, gelingen kann.

In der Verantwortung des «Blinden» liegt es:

⋆ Zu erkennen, daß der Prozeß zweigeteilt ist.

⋆ Sich der Bedeutung dieser Tatsache bewußt zu werden.

⋆ Zuzulassen, daß man ihm hilft, sich dieser Tatsache bewußt zu werden, wenn sich zeigen sollte, daß er in Wirklichkeit noch nicht von ihr durchdrungen ist, auch dann, wenn er glaubt, er sei es schon.

⋆ Er muß sich mit einem Sehenden zusammentun, um sein Bewußtsein dem Erkennen des Wesenskerns der Sehkraft verfügbar zu machen, von der er nur ein verschwommenes Verständnis besitzt.

⋆ Auch wenn es ihm schwerfällt: Er muß akzeptieren, daß das, was er für «Sehen» hält, vielleicht nur eine Vermutung ist und daß ihm seine früheren Anstrengungen, «Sehkraft» zu erhalten, geholfen haben mögen oder auch nicht. Sie haben vielleicht Eigenschaften in ihm gefördert, die sich dem Sehen annähern, aber es sind möglicherweise andere als die, die *er* für wichtig gehalten hat.

⋆ Er muß erkennen, daß er nicht verallgemeinernd im Sinne früherer Erfahrungen mit dem Streben nach Sehkraft umgehen kann, weil er dabei höchstwahrscheinlich nur frühere Mutmaßungen in die Gegenwart oder Zukunft projiziert. Die Zukunft ist anders, als er sich das vorstellt.

* Er muß besonders geartete Anstrengungen unternehmen, die es ihm erlauben, das Gewicht des «erleuchtenden» Impulses zu erkennen. Er muß sich dabei erinnern, daß eine Sache von solcher Natur nur vermittels ihrer selbst wahrgenommen werden kann. Er muß sich deshalb ihrer eigenen Methodik bedienen, um sie zu erkennen. Mit den Werkzeugen eines Schumachers läßt sich keine Uhr reparieren.
* Er muß herausfinden, ob er bei dieser Unternehmung zu einer Zusammenarbeit fähig ist oder nicht. Wenn er in diese gemeinsame Anstrengung nicht genügend Kooperativität, Fähigkeit zur Freundschaft und Hingabe einbringen kann, wird er in eine andere Richtung weiterarbeiten müssen. Möglicherweise verspricht er sich davon mehr. Während dies für uns und für den Großen Weg keine Bedeutung hat, kann es für den jeweiligen Menschen durchaus angemessen sein. Die Frage, ob diese andere Richtung überhaupt irgendeinen Nutzen hat, ist für uns nicht von Bedeutung. Wir befassen uns ausschließlich mit dem Erreichen dessen, was wir für die einzig wesentlichen Ziele halten, mit Hilfe der einzig möglichen Methoden.

In der Verantwortung des Sehenden liegt es:

* Anwesend zu sein und sein Wissen so zur Verfügung zu stellen, daß es auf nutzbringende Weise angewendet werden kann.
* Die Tatsache klarzustellen, daß es nur die Unvertrautheit mit dieser Methode ist, die eine Anpassung an ihre vom Sehenden selbst gewählte äußere Form so schwer macht.
* Unbedingt dafür zu sorgen, daß die Entwicklung und Anwendung von «Sehkraft» in Übereinstimmung mit der wesentlichen Aufgabe dieser Funktion einhergeht und voranschreitet.

Die Vernachlässigung dieser Faktoren und Voraussetzungen ist die Ursache für die breite Streuung jeglicher Spielart von Kult, Experiment und Sekte quer durch eure Geschichte.

ENDE

Anmerkung: Wir sind uns im klaren darüber, daß viele Menschenwesen dieses Dokument als nicht ausreichend betrachten werden, um Kontakt aufzunehmen zu einem der von uns beauftragten Lehrer. Wir möchten deshalb feststellen, daß die erfolgreiche Suche nach einem «Reiseleiter» der Mindestpreis für eine Aufnahme in eine Reisegesellschaft ist – und schon immer war. Wer bei einem Pseudo-Reiseleiter landet («Guru» in eurer Sprache), tut das nur deshalb, weil er mit den Waren, die jener anzubieten hat, zufriedenzustellen ist. Die Taube fliegt mit der Taube, der Adler mit dem Adler.

DER GROSSE RAT

Botschaft für den Planeten Erde

Zentralarchiv / Band XX, Blatt 7–22
Gültigkeitsdauer: ab 1931 (Erdzeit)

Titel: Falschgold und echtes Gold

FALSCHGOLD UND ECHTES GOLD

«Falschgold existiert aus drei Gründen: Die Gier der Menschen ist so groß, ihre Fähigkeit zu unterscheiden so gering, und: echtes Gold existiert tatsächlich.»

Es ist nun schon Hunderte von Jahren her, seit einer unserer Botschafter euch diesen Spruch hinterlassen hat. Er ist heute aktueller denn je.

Wenn sich auf eurem Planeten ein Mensch, aus welchen Gründen auch immer, für das interessiert, was ihr «spirituelle Entwicklung», «Erleuchtung», «harmonische körperliche und geistige Entfaltung», «Selbstvervollkommnung» usw. genannt habt, dann wird er mit einer solchen Vielfalt von Aktivitäten, Gruppen, Gurus, «Meistern», Sekten, Religionen, Therapieformen konfrontiert, daß eine Unterscheidung zwischen einer authentischen Lehre und den zahllosen Falschgold-Händlern sehr schwierig wird.

Um diese Schwierigkeit soll es in diesem Dokument gehen. Wir möchten euch eine Hilfe geben und einige sehr wichtige Identifikationskriterien aufstellen, die euch das Trennen vom Wahren und Falschen erleichtern. Die Konsequenzen aus diesem Erkennen müßt ihr selbst ziehen.

⋆ Zuallererst: Die äußere Form, die ein Lehrer seiner «Schule» gibt, ist kein Erkennungsmerkmal für den Wert oder Unwert seiner Aktivität. Schulen können sich hinter klösterlichen Gemeinschaften genauso verbergen wie hinter Import-Export-Gesellschaften. Die besten und effizientesten arbeiten unerkannt und ohne jede äußere Organisation.

⋆ Je stärker eine Gruppe von Mystikern oder eine dem Spirituellen verpflichtete Gemeinschaft äußerlich der in der jeweiligen Gesellschaft vorherrschenden Auffassung vom Mystischen entspricht, desto geringer ist die Wahrscheinlichkeit, daß es sich um eine gültige, der Zeit, dem Ort und den Umständen angepaßte Unternehmung der «Lehre vom Aufwachen» handelt.

⋆ Die Genauigkeit des Urteils eines Menschen, der «Sehkraft» erwerben will, hängt von seiner Fähigkeit ab, zwischen dem echten Wunsch zu lernen und all seinen anderen Wünschen im Leben (nach Aufmerksamkeit, Unterhaltung, Macht, Sex, Nestwärme, Sicherheit etc.) zu unterscheiden. Wenn Gier eine zentrale Charaktereigenschaft eines Menschen ist, wird er Dinge glauben, die er ohne diese Eigenschaft niemals glauben würde.

⋆ Wer sich selbst gut kennt, hat bei der Suche nach einem Lehrer größere Aussichten auf Erfolg. Oft jedoch ist bei den Menschen die Vernunft ein Sklave ihrer Wünsche und Neigungen. Das Hingezogensein zu einer bestimmten Gruppe oder zu einem Lehrer wird dann oft als «intuitives» Erkennen ihrer «Echtheit» interpretiert.

⋆ Die Tatsache, daß ein Lehrer oder eine Gruppe für die Teilnahme an ihren Aktivitäten Geld verlangt, sagt nichts aus über den Wert oder Unwert ihres Tuns. Tiefsitzende Vorurteile beherrschen euren Umgang mit Geld. Geld ist nichts anderes als eine relativ grobe Energieform. Der Umgang mit ihr ist entscheidend, nicht ihr Besitz. Wie ein Mensch mit Geld umgeht, steht in direkter Beziehung zu seiner Fähigkeit, mit seiner gesamten Lebenskraft konstruktiv umzugehen.

Auf die Frage, warum er Geld verlange, hat einer unserer Botschafter einmal zu einem seiner Schüler gesagt: «Noch nie habe ich Wissen verkauft. Keine Summe auf der Welt wäre als Bezahlung ausreichend. Was Fehlinterpretationen meines Verhaltens betrifft – kein Geld mehr zu nehmen wird sie nicht verhindern, denn sie werden ein neues Ziel finden. Sie sollten vielmehr erkennen, daß jemand, der kein Geld nimmt, vielleicht geldgierig ist, vielleicht auch nicht. Aber wenn jemand überhaupt nichts nimmt, steht er im schwersten Verdacht, den Schüler seiner Seele zu berauben. Menschen, die sagen: ‹Ich nehme nichts›, könnten überführt werden, ihren Opfern die Willenskraft zu rauben.»

Auf folgende Fragen solltet ihr eine Antwort finden, wenn ihr eine Gruppe, die von sich selbst behauptet, einer bewußten Evolution zu dienen, betrachten wollt:

⋆ Wird einem Neuankömmling *von Anfang an* die Chance gegeben, die wahren Motive seines Kommens (Gier, Suche nach Nestwärme, Hilfe bei der Bewältigung von Alltagsproblemen, etc., etc.) zu erkennen? Oder vermittelt die Gruppe oder der Lehrer dem Interessenten das Gefühl, er besitze schon ein gutes Urteilsvermögen («Sie haben eine gute Wahl getroffen, wenn Sie zu uns kommen»)? Wenn letzteres zutrifft, habt ihr es mit einem Seelenfänger zu tun.

⋆ Geben die Anstöße und Methoden, die aus der Gruppe kommen, ihren Mitgliedern ein Werkzeug in die Hand, ihr Tun und Lassen im Alltag, ihre Motivationsmuster zu erkennen? Wenn nicht, ist Vorsicht geboten.

⋆ Befriedigt die Gruppe Wünsche nach «neuen Erfahrungen», emotionalen Reizen, besonderem Prestige und Eitelkeit? Wenn ja, nehmt eure Beine in die Hand und verlaßt die Örtlichkeit.

⋆ Gehören zur Methodik der Gruppe oder des Lehrers Dinge wie ständige Wiederholungen, «Zuckerbrot und Peitsche», das Hervorrufen ekstatischer Gefühle oder anderer emotionaler Zustände, Zuspruch und Tadel durch die Gruppe? Wenn ihr Indoktrination und Gehirnwäsche statt Entwicklung sucht, dann schließt euch einer solchen Gruppe an.

- Vermittelt die Gruppe dem Neuankömmling das *Gefühl*, einer «Elite» anzugehören? Wenn ja, dann nehmt teil, wenn ihr euren Schlaf verlängern wollt.
- Wird in der Gruppe der Meister besonders verehrt, sei es, weil er das selbst fordert oder weil er sich so verhält, daß Personenkult entstehen kann? Schließt euch dieser Gruppe an, wenn ihr weiterschlafen wollt.

Wir möchten ganz klar feststellen: Die eher alltäglichen und der niederen Natur des Menschen entsprechenden Bedürfnisse sind weder gut noch böse. Sie existieren einfach. Jeder Mensch braucht entweder dauernd oder in bestimmten Phasen seines Lebens Schutz, das Gefühl von Geborgenheit, Ansporn zu einem gesunden und ausgeglichenen Lebensgefühl, Sex, Anerkennung und Aufmerksamkeit, Sicherheit und ein nach mehr oder weniger festen Regeln verlaufendes Gemeinschaftsleben. Eure «Gurus» und «Priester» haben euch beigebracht, euch dieser Wünsche zu schämen. Die schlimme Folge ist, daß ihr glaubt, alles sei «spirituell», was sich über diese echten und notwendigen Bedürfnisse erhebt. Nichts könnte ferner der Wahrheit sein.

Im normalen Alltag der Menschenwesen wird die Befriedigung dieser grundlegenden Bedürfnisse oft schmerzlich vermißt, teils auf Grund der Herzenskälte der Umgebung, teils, weil ihr euch die legitime Befriedigung von Wünschen versagt. Jede Gruppierung oder Organisation, die zu bieten hat, was sich die Menschen wünschen, erhält Zulauf, ganz gleich, ob sie sich dessen bewußt ist oder nicht, ganz gleich, ob sie sich als «Kegelklub» konstituiert oder als «esoterischer Geheimbund». Was auch immer eine Gruppierung in *Wirklichkeit* vermittelt, ihre Mitglieder werden sie als «echt», als «befriedigend», als das «einzig Wahre» erleben, wenn sie ihre Wünsche erfüllt.

Wenn ein Mensch Nestwärme sucht, vor sich selbst aber so tut, als ob er «sich entwickeln» möchte, wird er eine Gruppe suchen und finden, die Nestwärme liefert, ganz gleich ob sie sich selbst als «Weg zur Erleuchtung» präsentiert. Im besten Fall erhält dieser Mensch tatsächlich Nestwärme, im schlimmsten (und weit häufigeren) Fall erreicht er keines seiner Ziele und zerbricht.

«Liebe deinen Nächsten wie dich selbst», hat einer unserer Botschafter euch beizubringen versucht. Und wir sagen euch: «Der falsche Schüler hat seine Augen auf die Sterne gerichtet, weil er mit den Füßen fest im Schlamm steckt.» Zuerst muß ein solides Fundament gelegt werden, bevor man ein hohes Haus bauen kann. Gut essen, gut trinken, gut schlafen und gut lieben – all das müßt ihr lernen, bevor die Reise beginnen kann. Ihr müßt lernen, selbst euer eigener bester Freund zu werden. Sonst könnt ihr keines anderen Menschen Freund werden, geschweige denn, eines wahren Lehrers Schüler.

Unsere Lehrer haben im Laufe der Zeit viele Methoden entwickelt und angewandt, um euren Selbsttäuschungen zu begegnen, unter anderem dadurch, daß sie sich ein den gesellschaftlichen Normen entsprechend «weltliches» Äußeres gaben und sich dadurch in den Augen der Pseudo-Esoteriker disqualifizierten. Oder dadurch, daß sie als Beschäftigungstherapie zu bieten hatten, was falsch motivierte Menschen suchen, während im verborgenen die eigentliche Unterweisung stattfand.

Wichtige Erkennungsmerkmale von «spirituellen» Pseudo-Unternehmungen sind die Verwendung gleichförmiger Kleidung, ein starker Gruppendruck in Richtung «innen» und «außen» («Wir, die Auserwählten», und der «verblendete Rest der Welt»), der Druck in Richtung gemeinsamer Sprache, Moral und Verhaltensrituale, die sich abheben von denen der jeweiligen Gesellschaft, Kultur und Moral. Wenn das Wir-Gefühl der Gruppe zur Bildung eines kleinen «Staates im Staate» führt, dann hat sich der Kern der Unternehmung, ihre Essenz eher von der Wahrheit entfernt als sich ihr angenähert. Die Wahrheit zu erkennen kann nicht durch einen Kleiderwechsel geschafft werden.

Wenn ihr einem Meister oder einer Gruppe begegnet, der eure Sucht nach Abhängigkeit, Bestätigung usw. befriedigt, der zieht

Gewinn aus der «Fähigkeit» des Menschen, sich manipulieren zu lassen, ja, er *stärkt diese Tendenz*. Ihr verwandelt euch in Esel, denen man eine Karotte an einem Stock auf den Rücken gebunden hat, damit sie vor seiner Nase baumelt. Der Chef ist der Reiter. Aber der ist meistens auch ein Esel.

Zudem wird in solchen Gruppen das Erkennen erschwert, daß man von unreifen Motiven geleitet wird, denn das würde den Bestand der Gruppe gefährden. Und die allervornehmste Pflicht eines wahren Meisters ist es, dafür zu sorgen, daß der Schüler ihn eines Tages nicht mehr braucht.

Im allgemeinen reagieren die Mitglieder solcher steriler Gruppierungen auf zwei verschiedene Weisen auf die Tatsache, daß sie in ihr alle möglichen «Erfahrungen» machen, nur nicht die eines realen Fortschreitens auf dem Großen Weg: Entweder sagen sie sich, «Meine Erlebnisse, Ekstasen, Gefühle der Geborgenheit, Macht und Gewißheit, die ich hier erlebe, sind ‹spirituell› und ein sicheres Zeichen meines Fortschritts», und machen weiter bis ans Ende ihrer Tage, ohne aufzuwachen. Oder sie wenden nach einiger Zeit der Gruppierung den Rücken und pflegen die Überzeugung, daß die Mystik ein einziger Betrug und eine Art psychischer Krankheit sei.

Das Gegenmittel in beiden Fällen ist schlicht eine ständige, wache Wahrnehmung (und nur die Wahrnehmung, ohne haarspalterische Analyse oder Kritik) seiner selbst, seiner eigenen Reaktionen, Gedanken und Gefühle. Und das ständige Vor-Augen-Halten, daß ein Unterschied besteht zwischen Überzeugung, Glauben, Vermutung, Gefühl, Ahnung und Meinung auf der einen Seite und «Sehen», Wissen und Erkenntnis auf der anderen.

Macht euch klar, daß ihr bewußt oder unbewußt in jedem Augenblick eures Lebens Entscheidungen trefft, für oder gegen ein bestimmtes Verhalten, für oder gegen die Teilnahme an einer bestimmten Aktivität. Warum sollen diese Entscheidungen nicht bewußt und auf dem Boden von klarer Erkenntnis und Vernunft getroffen werden?

Der Schüler muß lernen, wie man aus Erfahrung lernt. Diese Fähigkeit ist es, die in den lebendigen, wahren mystischen Schulen zuallererst gelehrt wird.

Alles andere kommt später.

Der Kleine Rat

Lesestoff für das I. Kindergartenjahr

Zentralarchiv / Band XIV, Blatt 1–16

Titel: In der Geschichte ist drin, was drin ist

In der Geschichte ist drin, was drin ist

Liebe Kinder,
die vielen Geschichten, die ihr immer wieder mal in die Hände bekommt, die euch vorgelesen werden und die ihr in euren Hausaufgaben findet, haben eine große Bedeutung, um später die Aufgaben, die euch das Leben stellt, zu bewältigen und das Allerbeste aus ihnen zu machen.

Dazu müßt ihr aber lernen, in einer bestimmten Weise mit ihnen umzugehen. Ihr dürft nicht glauben, daß die Methoden, mit denen ihr bisher Geschichten gelesen und verarbeitet habt, ausreichen, um den «Saft», der in ihnen steckt, auszupressen. Geschichten sind lustig, schön, machen angenehme Gefühle, regen zum Nachdenken, Analysieren und Weitererzählen an. Aber euer Denken und eure Gefühle sind Instrumente, die aus den Geschichten nicht den inneren Kern herausholen, der in ihnen steckt. Ihr eßt ja auch nicht nur die Schale von den Nüssen, sondern ihren Kern. Vielleicht ist die Schale viel schöner als der Kern, aber wachsen und gedeihen tut ihr nur, wenn ihr den Kern aufnehmt und euch ganz zu eigen macht.

Euer Denken und eure Gefühle sollt ihr beim Lesen der Geschichten nicht ausschalten. Euer Intellekt sagt euch, daß ein Apfel gut ist, euer Gefühl sagt euch, daß er gut schmeckt, aber andere Organe befassen sich mit seinem Nährwert und seiner *Funktion*. Diese anderen Organe dürft ihr nicht vernachlässigen.

Ihr müßt vor allem *beobachten*. Wie wirkt eine Geschichte auf euch? Unter welchen Umständen lest ihr sie? Wann lest ihr sie? Wie reagiert ihr, wenn ihr sie nicht versteht, wenn sie euch langweilt, wenn sie sehr lustig ist, wenn sie euch ärgert, wenn ihr euch vor ihr fürchtet?

Und wenn ihr euch für Sinn und Bedeutung einer Geschichte entschieden habt, legt sie weg und lest sie nach ein paar Wochen, Monaten oder Jahren noch einmal. Hat sie sich verändert? Habt ihr euch verändert?

Ich möchte euch an einem einzigen Beispiel zeigen, was in einer Geschichte drinsteckt, indem ich euch ein paar Erkenntnismöglichkeiten zeige, die man aus ihr gewinnen kann. Ich werde euch aber nicht alle Möglichkeiten zeigen, um euch nicht die Freude und den Gewinn zu nehmen, den ihr haben könnt, wenn ihr selbst «Entdecker im eigenen Land» spielt. Und dazu erzähle ich die Geschichte vom «Schmied, der unschuldig ins Gefängnis kam».

Es war einmal ein Kupferschmied, der unschuldig ins Gefängnis geworfen worden war. Tag für Tag machte er seine Gebete auf einem Gebetsteppich, den seine Frau für ihn entworfen und geknüpft hatte.

Nach einiger Zeit rief er seine Wachen zu sich und sagte: «Ich bin ein Kupferschmied, wie ihr wißt. Mir geht es schlecht, und weil ich weiß, daß ihr sehr schlecht bezahlt seid, möchte ich euch einen Vorschlag machen: ihr besorgt mir Werkzeug und Material, und ich fertige dann kleine Dinge des täglichen Gebrauchs, Töpfe, Teller und Pfannen. Ihr verkauft sie auf dem Basar, und wir teilen uns den Gewinn.»

Die Wachen waren einverstanden, und einige Zeit lang florierte das Geschäft zur beiderseitigen Zufriedenheit.

Eines Morgens wollten die Wachen dem Schmied wie immer das Frühstück bringen und fanden die Zellentür offen. Der Kupferschmied war verschwunden.

Ein Jahr später stellte sich die Unschuld des Kupferschmieds heraus, und er konnte aus seinem Versteck hervorkommen. Der Mann, der ihn seinerzeit ins Gefängnis gebracht hatte, fragte ihn, wie er es denn geschafft habe zu fliehen.

Der Kupferschmied antwortete: «Das war alles eine Frage von Muster und vom Muster im Muster. Meine Frau ist eine Teppichweberin. Sie hatte den Mann aufgesucht, der das Schloß zu meiner Zellentür hergestellt hat. Von ihm erhielt sie das Muster, den Plan vom Inneren des Schlosses. Dieses Muster hat sie dann genau in die Stelle des Teppichs eingewebt, auf die ich meinen Kopf fünfmal am Tag zum Beten legte. Ich bin ein Kupferschmied, und das Muster wirkte auf mich wie das Innere eines Schlosses. Danach mußte ich mir nur noch die Mitarbeit der Wachen sichern, die mir sämtliche Materialien zur Verfügung stellten, um einen Schlüssel zu fertigen.»

Erst einmal ist euch allen aus früheren Erfahrungen, die ihr im Leben schon gemacht habt, klar, daß sich der Kupferschmied anfangs in einer ähnlichen Situation befindet, wie wir alle im Augenblick der Geburt. Ohne unseren Willen, «unschuldig», wurden wir in das Gefängnis des Seins geworfen. Die Gitterstäbe und Mauern bilden unsere körperliche Existenz mit all ihren Begrenztheiten und Schwächen, starrem Denken, Vorurteilen, Erziehung und zerstörerischen Gefühls- und Verhaltensautomatismen.

Aus dieser Geschichte nun könnte man in Analogie folgende Erkenntnisse ziehen:

⋆ Ein Entkommen aus dem Gefängnis ist nur möglich, wenn man

a) realisiert, daß man in einem Gefängnis steckt,
b) die klare, unerschütterliche *Absicht* faßt zu entkommen,
c) wenn man Hilfe von *außen* erhält.

Wer das Gefängnis, in dem er lebt, nicht als solches wahrnimmt, sieht auch keinen Grund zu fliehen. Er verbringt sein Leben höchstens damit, «seine Gitterstäbe zu vergolden» oder sein «Schicksal» zu bejammern.

⋆ Die Hilfe, die von außen kommt, muß kompetente Hilfe sein. Gute Absicht allein reicht nicht aus.

⋆ Auf seiten des Gefangenen muß es ein Minimum an Fähigkeiten geben, die Anstöße, die Hilfe, die von außen kommt, konstruktiv zu deuten und auf der Basis eigener Kompetenz in ein erfolgversprechendes Fluchtkonzept zu verwandeln.

⋆ Das Innere des Schlosses, seine spezifische Bauart und Eigenart, muß bekannt sein, bevor man einen Schlüssel fertigen kann. Wir müssen zuerst genau erkennen, wie unser Gefängnis beschaffen ist, bevor wir ausbrechen können.

⋆ Der von außen Arbeitende muß ein echter Freund sein. Allzu viele Menschen sind nur so lange unsere «Freunde», wie wir nicht auszubrechen versuchen. Solche Menschen sind keine Freunde, sondern entweder selbst Gefangene, oder sie gehören der Wachmannschaft an.

⋆ Das Schloß zu unserem Gefängnis hat eine spezifische Form. Der Schlüssel dazu muß deshalb auch eine spezifische, dem jeweiligen Schloß individuell angepaßte Form besitzen. Ein Fluchtweg eröffnet sich erst dann, wenn wir diese besondere Form entdeckt haben.

⋆ Nichts an dieser Geschichte läßt vermuten, daß der Schmied durch die Tatsache, daß er eigentlich unschuldig ist, an seinem Fluchtvorhaben behindert worden ist. Er ist nicht wütend geworden und hat blind und vergeblich gegen die Mauern getrommelt. Er ist nicht in Lethargie verfallen und hat sich nicht beklagt.

⋆ Demut und Glauben an Gott haben es ihm ermöglicht, die Struktur des Schlüssels zu entdecken, denn sie war in seinen Gebetsteppich eingewoben.

⋆ Wie das Leben von jedem von uns enthält der Teppich ein komplexes und vielfarbiges Muster. Jedoch nur bestimmte Bereiche daraus sind für eine Entwicklung, ein «Fortkommen» von Belang.

⋆ Welche Rolle spielen die Wachen? Denkt darüber nach. Der Schmied hat sie nicht als seine Widersacher und Feinde behandelt. Ohne ihre «Mitarbeit» wäre ein Entkommen nicht möglich gewesen. Und wer sind diese Wachen?

⋆ Der Schmied mußte sich erst tief hinunterbeugen, bevor die Freiheit winkte.

⋆ *Geduld* spielte eine wichtige Rolle, denn wäre der Schmied aus seinem Versteck hervorgekommen, bevor seine Unschuld festgestellt war, wäre er wieder ins Gefängnis gesteckt worden.

Das sind nun einige der Möglichkeiten, die ihr habt, wenn ihr mit einer Geschichte umgehen wollt. Es gibt viele, viele andere. Ich wünsche euch viel Freude bei dieser abenteuerlichen Reise in ein fremdes Land – in eure Heimat.

Der Grosse Rat

Botschaft für den Planeten Erde

Zentralarchiv / div. Bände
Gültigkeitsdauer: 1990–2020 (Erdzeit)

Arbeitstitel: Der Löwe in uns allen

Der Löwe in uns allen

Die drei Fische

Drei fette Fische lebten in einem tiefen Seitenwasser an der Biegung des Flusses: Klugfisch, Schlaufisch und Dummfisch. Sie sind fett, denn als Dreigespann dominieren sie ihren Lebensraum. Alle kleineren Fische, die die Kanäle vom Fluß zu ihrem Pfuhl durchschwimmen, werden sogleich bei der Ankunft verspeist. Das gilt auch für Molch, Salamander, Aal, Insekt, Egel, Kröte, Spinne, Schlange oder Frosch, die, falls sie zu lange dem Wasserloch einen Besuch abstatten, höchstwahrscheinlich in ihren Bäuchen landen. Und da diese Untiefe gut geschützt und abseits gelegen ist, werden sie auch nie von Raubgetier – sei es Fisch oder Vogel – gestört. Das heißt, bis eines Tages zwei Männer, die den Fluß befischen, zufällig das tiefe Seitenwasser entdecken und diese drei fetten Fische erspähen.

Die Fische bemerken ihrerseits die Männer. Aus dem Wasser hochblickend sehen sie, wie der Zeigefinger des einen in schneller Abfolge auf jeden einzelnen von ihnen hinabweist. Sein Begleiter gibt einen leisen Pfeifton von sich. Wellen des Entzükkens breiten sich funkelnd über ihren Gesichtern aus. Der eine Mann schließt die Augen und leckt sich entrückt die Lippen. Der andere tippt ihm auf die Schulter und markiert die besten Positionen für ihre Netze. Er mimt netzauswerfende und einholende Bewegungen über dem Wasserloch. Noch ein paar aufgeregt geflüsterte Worte, und schon lassen sie die schweren Netze von ihren Schultern auf das felsige Ufer fallen und machen sich an die Arbeit.

Klugfisch handelt augenblicklich, um aus der Gefahrenzone herauszukommen. Ohne auch nur ein Wort des Abschieds zu den anderen durchschwimmt er energisch das Wasserloch. Seine funkelnden Flossen und der flimmernde Fischleib peitschen das Wasser und hinterlassen eine lange Blasenspur Spritzend und schäumend durchpflügt er den schmalen Einlaß zum Fluß und ist bald außer Sicht.

«Effektiv, aber nicht besonders elegant», kommentiert Schlaufisch, der sich schnell von Klugfischs unerwartetem und spektakulärem Abgang erholt hat.

«Wo ist er hin?» fragt Dummfisch. «Wozu die Aufregung?»

«Mein Freund», erklärt Schlaufisch langsam und geduldig, «die Männer kommen bald mit ihren Netzen, und wir müssen uns etwas ausdenken, um sie zu überlisten.»

«Woher willst du das wissen», fragt Dummfisch skeptisch. «Vielleicht sind diese Männer nur Fischkundler und haben nichts Böses im Sinn. Außerdem kann ich besser schwimmen als ein Mensch! Dieses Wasser ist tief, und ich kann mich am Grund verstecken.»

Schlaufisch versucht noch einmal geduldig, die Situation zu erklären. «Die Netze der Fischer haben Gewichte an einer Seite», sagt er, «und damit können sie sogar den Grund dieses Wassers erreichen. Und, Fischer haben ausgefeilte Techniken, wie sie die Netze auswerfen und durch tiefes Wasser schleppen, so daß große Fische wie du und ich nicht so leicht entrinnen können. Wir müssen etwas tun – und zwar bald!»

«Nun, das ist gewiß alles sehr interessant», spricht Dummfisch irgendwie eingeschnappt über Schlaufischs belehrenden Ton. «Aber ich sage dir, was ich tun werde. Ich werde ein Nikkerchen halten, bitte sehr. Dieses ganze Gerede macht mich schläfrig. Ich sehe die Männer nicht. Ich sehe keine Netze. Ich werde jedoch für alle Fälle nahe am Grund schlafen. Vielen Dank für deinen guten Rat. Und nun: Du gehst deinen Weg, ich gehe meinen Weg.» Und mit ein paar würdevollen Schwanzflossenschlägen taucht Dummfisch in die Tiefen seines Mittagsschläfchens hinab.

Schlaufisch verharrt in der Schwebe und fast regungslos. Und während er die Lage bedächtig abwägt, sinkt er ganz allmählich tiefer. «Wie handeln und wann? Das ist die Frage», beginnt er seinen Monolog. Hin und wieder bildet sich eine Blase an seinen Lippen, steigt zögernd auf und zerplatzt kaum hörbar an der Wasseroberfläche. «Ich muß diese schwierige und mißliche Situation ganz außerordentlich gründlich analysieren», denkt er. Sein hochentwickeltes Fischhirn erinnert sich, wie man so etwas anfängt. «Systematisch alle Variablen isolieren; kreativ und kritisch taktische Möglichkeiten prüfen; dynamisch originelle Fluchtstrategien entwickeln.» Sein Intellekt läuft auf Hochtouren. Und mit jedem tiefgründigen Gedanken sinkt er tiefer. Endlich entschließt er sich, den Einlaß des Flusses zu untersuchen.

«Man braucht genaue Daten, bevor man seine Hypothesen aufstellt», stellt er zufrieden fest, aber als er an die Stelle heranschwimmt, sieht er, daß die Männer, alarmiert von Klugfischs lautstarkem Abgang, diesen Ausgang mit Netzen versperrt haben. Er schwimmt zum anderen Kanal. Auch hier die gleiche Situation: mit Netzen versperrt.

«Verdammt», sagt er sich und fängt an, ängstlich und orientierungslos herumzuschwimmen. Dann hört er ein Klatschen, und als er sich umwendet, sieht er, wie hinter ihm artig ein Vorhang aus Fischnetz heruntergeht.

«Verdammt», wiederholt er sich. «Verdammt, verdammt!

Warum habe ich so lange gezögert? Das ist ja entsetzlich. Was mache ich jetzt?»

Glücklicherweise bekommt Schlaufisch diese Verwirrung unter Kontrolle, indem er sich eine seiner Lieblingsmaximen ins Gedächtnis ruft: «Panik löst keine Probleme.» Und dann, indem er seine letzten Reserven von Gelassenheit anzapft, mobilisiert er ein weiteres Lebensprinzip und prustet heraus, als er laut rezitiert: «Nur unter Druck können wir uns zu geistigen Höchstleistungen aufschwingen.»

Und zweifellos, auf wunderbare und geheimnisvolle Weise braut sich in seinem Fischkopf ein brillanter Plan zusammen. Blitzschnell taucht er zum Grund des Wassers: «Die Netze kommen! Die Netze kommen!» ruft er Dummfisch zu, der im Dusel herumdümpelt.

«Oh, sei leise!» erwidert Dummfisch und dreht ab. «Laß mich in Ruhe.»

Schlaufisch nimmt sich einen riesigen, schleimigen und stinkenden Klumpen Schlamm vom Grund und wirbelt ihn mit dem Maul herum. Dieser glitschige Brocken ist so abscheulich, daß Schlaufisch fast daran erstickt. Er schwimmt nach oben zurück und kurz bevor er die Oberfläche erreicht, rollt er sich auf die Seite und treibt dann wie tot ganz schlaff nach oben, bis sein weißer Bauch zum Himmel zeigt.

Unterdessen haben die Fischer damit begonnen, ihre Fangnetze auszuwerfen und den Boden mit dem Grundnetz aufzuwühlen; sorgfältig suchen sie das Wasserloch ab, damit niemand entrinnt. Sie bemerken Schlaufisch, der mit dem Bauch nach oben auf der Oberfläche treibt, und holen ihn ein. Einer hebt ihn am Schwanz auf und beschnuppert ihn.

«Uahh! Uohh!» brüllt er. «Der hier ist tot und angefault», und schleudert Schlaufisch angewidert von sich.

Sein Fischmaul voll mit diesem entsetzlichen Schlamm, hält Schlaufisch den Atem an, solange er kann. Als die Männer wieder bei der Arbeit sind, schnellt er hin und her, bis er einen der Kanäle jenseits des Netzes erreicht hat. Mit einem schallenden

Platscher stürzt er sich ins Wasser, stößt den fürchterlichen Schlamm aus – und schon hat er den sicheren Fluß erreicht.

Dummfisch ist eingeschlafen. Schnarchend zieht er eine feine Blasenspur bis zu dem Moment, da sich das Netz um ihn schließt. Dann wacht er auf in seinem letzten Alptraum.

«Was? Was soll das denn?» schreit er voller Verzweiflung, als ihn die Männer mit viel Getöse aus dem Wasser hieven. Doch sosehr er sich auch wehrt, es gibt kein Entrinnen für Dummfisch. Die Männer versetzen ihm einen betäubenden Schlag mit dem Knüppel und schleppen ihn nach Hause, wo sie mit ihren Familien ein ungeheures Fischbraten veranstalten. Später erzählen sie endlose Geschichten von «den beiden dicken Fischen, die davonkamen», aber niemand hat ihnen diese Geschichte jemals geglaubt.

Selbstschutz

Einige junge Kuhhirten trieben ihre Kühe Tag für Tag auf eine Weide, in der eine schreckliche Giftschlange lebte. Aus Angst vor dem Tier waren sie stets auf der Hut. Eines Tages bemerkten sie einen ehrwürdigen alten Derwisch, der gerade die Weide durchquerte. Die Jungen rannten zu ihm und sagten:

«Ehrwürdiger Herr, bitte geh nicht weiter. Dort drüben lebt eine Giftschlange!»

«Schon gut, meine Söhne», sagte der Derwisch. «Ich habe keine Angst vor der Schlange, ich kenne da ein paar Tricks.» Sprach's und setzte seinen Weg fort. Ängstlich blieben die Hirtenjungen hinter ihm zurück.

Kurz darauf erhob sich die Schlange, eine gefährliche Kobra, vor dem Derwisch und zischte ihn drohend an. Er näherte sich ihr, rezitierte einen heiligen Spruch, und schon lag die Schlange still wie ein Regenwurm vor seinen Füßen.

Der Derwisch sagte: «Schau mal. Warum fügst du den Leuten hier soviel Leid zu? Komm, ich werde dich ein heiliges Wort lehren. Wenn du es oft genug sprichst, wirst du lernen, Gott zu lieben. So wirst du dein gewalttätiges Wesen beherrschen lernen und letztlich IHN erkennen.»

Mit diesen Worten brachte er der Schlange das heilige Wort bei und führte sie in das spirituelle Leben ein.

Die Schlange verbeugte sich vor dem Lehrer und sagte: «Ehrwürdiger Herr, wie soll ich die spirituelle Disziplin praktizieren?»

«Wiederhole das heilige Wort», sagte der Lehrer, «und füge niemandem Leid zu.»

Als er sich zum Gehen wandte, sagte der Derwisch: «Wir werden uns wiedersehen.»

Einige Tage vergingen. Die Hirten merkten, daß die Schlange nicht mehr zubiß, und bewarfen sie mit Steinen. Immer noch zeigte sie keinen Zorn, sie benahm sich eben wie ein Regenwurm.

Eines Tages näherte sich einer der Jungen, packte sie am Schwanz und wirbelte sie herum; wieder und wieder schleuderte er sie zu Boden und warf sie schließlich fort. Die Schlange spuckte Blut und wurde bewußtlos. Sie war betäubt und konnte sich nicht mehr bewegen. Die Jungen hielten sie für tot und gingen fort.

Spät in der Nacht kam die Schlange wieder zu Bewußtsein. Langsam und unter großen Mühen schleppte sie sich in ihr Loch; ihre Knochen waren gebrochen, und sie konnte sich kaum bewegen. Und so vergingen viele Tage.

Die Schlange bestand nur noch aus Haut und Knochen. Hin und wieder kam sie nachts heraus, um auf Nahrungssuche zu gehen. Aus Angst vor den Hirten verließ sie ihr Loch tagsüber nicht. Seit sie das heilige Wort vom Meister empfangen hatte, hatte sie niemandem mehr weh getan. Sie lebte von Erde, Blättern oder von Früchten, die von den Bäumen fielen.

Etwa ein Jahr später kam der Derwisch wieder in die Gegend

und fragte nach der Schlange. Die Hirtenjungen sagten ihm, daß sie tot sei. Er glaubte ihnen jedoch nicht. Er wußte, daß die Schlange nicht sterben würde, bevor sie den Lohn des heiligen Wortes erntete, das er ihr gegeben hatte.

Als sie die Stimme des Meisters hörte, kam sie aus ihrem Loch und verbeugte sich vor ihm mit der größten Ehrerbietung.

«Wie geht es dir?» fragte der Derwisch.

«Mir geht es gut, Herr», antwortete die Schlange.

«Aber», fragte der Derwisch, «warum bist du so klapperdürr?»

Die Schlange erwiderte: «Ehrwürdiger Herr, du hast mir befohlen, niemanden zu verletzen. Deshalb habe ich mich nur von Früchten und Blättern ernährt. Vielleicht hat mich das etwas schlanker gemacht.»

Die Schlange war rechtschaffen geworden; sie konnte niemandem mehr böse sein. Und sie hatte völlig vergessen, daß die Hirtenjungen sie fast getötet hätten.

Der Derwisch sagte: «Es kann nicht nur die karge Kost sein, die dich in diesen Zustand versetzt hat. Es muß einen anderen Grund geben. Denk ein wenig nach.»

Da erinnerte sich die Schlange an die Jungen, die sie zu Boden geschleudert hatten.

Sie sagte: «Ja, ehrwürdiger Meister, jetzt erinnere ich mich. Vor langer Zeit haben mich die Jungen gewaltsam zu Boden geworfen. Doch sie wußten nicht, was sie taten. Sie haben den großen Wandel nicht bemerkt, der in mir vorgegangen war. Wie hätten sie auch wissen können, daß ich niemandem etwas zuleide tun oder ihn beißen würde?»

Der Derwisch rief aus: «Soviel Dummheit auf einmal! Du weißt nicht, wie du dich selbst schützen sollst. Ich habe dich gebeten, nicht mehr zu beißen, aber das *Zischen* habe ich dir nicht verboten!»

Bis zur Brust

Ein fettes Schwein kam eines Tages an einen Fluß. Sehnsüchtig blickte es zum anderen Ufer, weil es dort einen wunderschönen, frisch angelegten Komposthaufen erblickte, mit verlockend herüberleuchtenden Essenresten, Kartoffelschalen und allerlei anderen Leckerbissen.

Das Schwein jedoch konnte nicht schwimmen. «Wie tief der Fluß wohl ist? Ob ich da einfach hinüberwaten kann?» sprach es zu sich selbst.

«Aber selbstverständlich!» sagte ein Maulwurf, der gerade aus seinem Hügelbau herausgekommen war und das Selbstgespräch des Schweins gehört hatte.

«Meinst du wirklich?» sagte das Schwein freudig.

«Nur zu, das Wasser ist ganz flach», erwiderte der Maulwurf.

Er hatte das letzte Wort noch nicht zu Ende gesprochen, da war das Schwein schon hinunter ans Wasser gelaufen und hineingesprungen. Augenblicklich versank es, weil seine Beine vergeblich nach Grund tasteten. Mit allerletzter Kraft strampelte und paddelte es ans Ufer und stellte den Maulwurf wütend zur Rede.

«Merkwürdig», sagte der Maulwurf, «den Enten reicht das Wasser immer nur bis zur Brust.»

Relativitätstheorie der Weisheit

«Was ist schon erstrebenswert daran, ein Mensch zu sein», sagte die Schlange.

«Wenn ich ein Mensch wäre, wer würde dann die Nüsse für den Winter sammeln?» fragte das Eichhörnchen.

«Diese Menschen», sagte der Biber, «sie haben solch schwache Beißerchen, daß sie damit fast gar nichts nagen können!»

«Und was ihre Schnelligkeit betrifft», sagte das Pferd, «im Vergleich zu mir sind sie alle Schnecken.»

Ich bin besser als du

Ein Stinktier sagte zu einer Kartoffel: «Nun schau doch, wie schnell ich laufen kann! Du dagegen kannst nicht einmal kriechen.»

Die Kartoffel sagte: «Oh, hochwohlgeborener König der Sprinter, eile von mir aus so schnell wie der Wind, aber eile!»

Die Katze, die den Frieden ausrief

Eines Tages hörte ein Fasan, der gerade auf einer Lichtung nach Körnern pickte, ein heimliches Rascheln im Unterholz. Suchend beobachtete er das blaßgelbe Gras und das grüngesprenkelte Buschwerk. Er blieb ruhig, fuhr mit seinem Picken fort und begann, sich in absichtlich gelassener Manier auf einen Baum zuzubewegen. Dort hüpfte er mit einem Flügelschlag auf den niedrigsten Ast, von dort zu einem etwas höheren und so weiter, bis er vor allem sicher war, was da unten auf ihn eventuell lauerte.

Von seinem Ausguck aus entdeckte er eine weiße Schwanzspitze, die durch ein Grasbüschel herüberblitzte. Der Fasan wartete, und schon bald tänzelte eine hübsche weiße Katze in die Lichtung, ganz Unschuld und Lebensfreude.

«Wohin bist du entschwunden, schöner Vogel?» rief sie und blickte sich um. «Ah, da bist du! Ich hoffte, mit dir sprechen zu können. Warum kommst du nicht für ein Momentchen herunter?»

«Nein danke», antwortete der Fasan, «ich denke, ich bleibe lieber, wo ich bin.»

«Aber wieso denn», fragte die Katze und setzte sich. «Wir haben Wichtiges zu besprechen. Sicherlich hast du von der gestrigen großen Versammlung des ‹Fortschritts für den Frieden› gehört, der Konferenz für die ewigwährende Harmonie unter allen Tieren?»

«Nein, das kann ich nicht behaupten», antwortete der Fasan.

«Aber es wurde *allerorten* verkündet», sagte die Katze überrascht. «Wo hast du dich herumgetrieben? Weltweiter Frieden unter allen Tieren wurde ausgerufen. Die unabdingbare Voraussetzung für unser Überleben in der heutigen Zeit.»

«Ich begreife!» sagte der Fasan und heuchelte Interesse. Durch die Blätter und Zweige konnte er in der Ferne einen kleinen Jungen mit seinem Jagdhund in ihre Richtung spazieren sehen; er flatterte einen Ast tiefer. «Und haben sich auch alle Hunde diesem zweifellos revolutionären Vertrag angeschlossen?»

«Aber natürlich, so ist es», erklärte die Katze und lächelte hinauf zum Fasan, der einen Moment lang überlegte und noch einen Ast tiefer hüpfte.

«Das heißt, wenn ich auf den Boden komme», fuhr der Fasan fort, «und, sagen wir, etwa ein Hund käme aus den Büschen heraus, dann wäre ich vor ihm vollkommen sicher?»

«Ganz gewiß wäre das so», sagte die Katze und blitzte zum Baum hinauf.

«Er würde meine Schwanzfedern nicht antasten?»

«Keinesfalls, nein», betonte die Katze.

«Nun», sagte der Fasan, noch einen Ast tiefer hüpfend, «das sind wahrlich höchst willkommene Neuigkeiten. Darauf haben wir alle doch schon so lange gewartet. Ja, und die Chancen, die das für dich und mich eröffnet...»

Drunten fuhr die Katze ihre Klauen aus und ein, und ihre

Schwanzspitze vibrierte. In diesem Augenblick tat der Jagdhund mit fröhlichem Gebell seine Ankunft kund. Die Katze schoß davon, der Jagdhund hetzte hinterher, und der Junge lief dem Hund nach. Der Fasan hüpfte zurück auf die Baumspitze, um dem Schauspiel zuzusehen. Kurz darauf kehrte der Junge zurück und zerrte den Hund an seinem Halsband hinter sich her. Ungefähr eine halbe Stunde später tauchte auch wieder die nun etwas zerzauste Katze auf.

Der Fasan rief vom Baum herunter: «Hatte Tantchen Katze einen angenehmen Spaziergang mit Onkel Hund? Das muß doch eine wunderbare Gelegenheit gewesen sein, unsere neue Zeit des Weltfriedens zu diskutieren!»

Die Katze schnaubte verächtlich, machte ihren Rücken steif und ging hochmütig weiter ihres Weges, ohne nach links oder nach rechts, nach oben oder nach unten zu schauen.

«Bitte, laß es mich doch wissen», rief ihr der Fasan hinterher, «wann unsere nächste Begegnung stattfindet. Ich freue mich schon so *sehr* darauf!»

Das Leben ist hart

Ein Philosoph begegnete einer kleinen Maus. «Du tust mir leid», sagte er, «so hart ist das Leben zu dir, mußt um jedes Körnchen kämpfen.»

Die Maus sagte: «Ich danke dir für dein Mitgefühl. Aber sag mir doch, welchem Beruf du nachgehst?»

Der Philosoph antwortete, wobei ein gewisser Stolz in seiner Stimme nicht zu überhören war: «Ich bin ein Philosoph und studiere das Denken der Menschen, ihre Taten und ihre Wünsche.»

Da fuhr die Maus fort, ihre Körner zu knabbern, und seufzte: «Ja, ja, so hat ein jeder von uns sein Los zu tragen.»

Der Spatz und der Samurai

Es war einmal ein tapferer und ehrenhafter Samurai, der seinem Herrn, einem mächtigen Fürsten des alten Japan, treu gedient und sich in vielen Schlachten bewährt hatte.

Eines Tages jedoch kam es, wie es kommen mußte: Sein Herr und mit ihm sein gesamtes Heer mußten sich einem übermächtigen Gegner beugen. Aus einiger Entfernung konnte er beobachten, wie sich sein Fürst ergab, und er hatte das Gefühl, daß damit auch sein Leben zu Ende war.

Er bestieg sein treues Pferd und grübelte über sein Schicksal nach. Er war auf der Seite der Verlierer. Nun würde er sich den Ronin anschließen müssen, den herrenlosen Samurai, die gezwungen sind, ihre Dienste dem Meistbietenden zu verkaufen. Er würde nicht länger das Banner der Ehre tragen dürfen.

Schlimmer noch, der gegnerische Fürst war nun der Herr im ganzen Land. Zweifellos würde er als Krieger des Feindes streng bestraft, vielleicht sogar exekutiert werden. Trotz seines Mutes würden die Truppen, in denen er diente, aufgelöst werden, und er allein wäre als einzelner völlig machtlos.

Der Samurai machte sich gedankenverloren auf den Weg in den Wald. Vielleicht sollte er Seppuku, den rituellen Selbstmord, begehen und so ein wenig von seiner Ehre retten. Vielleicht sollte er auf seinen Stolz pfeifen und sich auf Gedeih und Verderb dem siegreichen Heer anschließen.

Wie er so vor sich hintrabte, begegnete er einem kleinen Spatz, der vor ihm auf seinem Rücken am Boden lag. «Aus dem Weg, du Winzevogel!» rief der Krieger.

«Tut mir leid, edler Samurai», antwortete der Vogel, «aber du mußt mir ausweichen. Ich kann mich hier nicht wegrühren.»

«Bist du verletzt?» fragte der Samurai.

«Nö», sagte der Spatz, «mir geht's ganz gut.»

«Bist du müde?» fragte der Krieger.

«Nicht im geringsten», stellte der Vogel fest, «ich habe gut geruht. Ich bin schon den ganzen Morgen hier.»

Der Reiter stieg von seinem Pferd ab und betrachtete den Vogel. Er konnte sich nicht vorstellen, was der kleine Spatz vorhatte, wie er so dalag, auf dem Rücken, die Füßchen in den Himmel gestreckt.

«Dann sag mir, was machst du hier?» fragte schließlich der Samurai.

«Nichts Besonderes», sagte der Vogel, «ich habe gehört, daß heute der Himmel zur Erde stürzt, und ich habe vor, ihn aufzufangen.»

Als er das hörte, warf der Samurai seinen Kopf zurück und brüllte vor Lachen: «Du willst den Himmel auffangen, kleiner Vogel? Und du glaubst, daß du mit deinen dürren Füßchen das Gewicht des Himmels tragen kannst?»

Darauf antwortete der kleine Spatz: «Man tut, was man kann.»

Junge Löwen

Ein weiser alter Löwe versammelte eines Tages alle jungen Löwen, die seiner Obhut anvertraut waren, um sich und sandte sie auf eine längere Reise. Sie sollten alle Tiere aufsuchen, die Schlechtes über die Löwen zu sagen hatten, zu all den Intriganten und Quertreibern, zu all den Haßerfüllten und Haarspaltern, zu all den engstirnigen Gelehrten und Analytikern.

«Warum sollen wir uns das antun?» fragte ein vorwitziger junger Löwe.

«Eine der ersten und wichtigsten Lektionen auf dem Weg zu echter Königswürde ist es, den Unsinn, die Voreingenommenheit und die Entstellungen derer wahrzunehmen, die sich selbst für weise halten. Erst wenn ihr sie durchschauen und ihre selbstsüchtigen und verbitterten Naturen erkennen könnt,

könnt ihr beginnen zu lernen, was es heißt, ein wahrer König der Tiere zu sein und mit Weisheit und Güte zu regieren – zuallererst über euch selbst.»

Nur die Katze darf den König sehen

Vor langer, langer Zeit, als die Tiere und die Menschen noch eine gemeinsame Sprache besaßen, lud ein König einen Bären, einen Hirsch, einen Gorilla und eine Katze ein, bei ihm zu wohnen. Einem jeden von ihnen verlieh er einen Titel und gab ihm eine untergeordnete Stellung bei Hofe.

Der Bär sollte Sir Ursus und der Hirsch Graf Bockbeere heißen. Der Gorilla erhielt sehr zu seinem Entzücken den Titel Herzog de Apt, und die Katze hieß fortan Baronin von Schleich. Viele Monate lang ging es den Tieren ausnehmend gut am Hof. Sie freuten sich an der Weitläufigkeit des Palastes und seiner Gärten und an der Beliebtheit, die sie bei den Menschen am Hof genossen. Sie aßen nur die köstlichsten Speisen und wohnten in herrlichen Gemächern.

Graf Bockbeere pflegte ausgedehnte, fröhliche Exkursionen in die königlichen Wiesen zu unternehmen, durch die Wälder und in die Hügel in der Ferne. Baronin von Schleich und Sir Ursus gingen es im allgemeinen lockerer an, und man konnte sie oft an einem ruhigen Plätzchen sonnengewärmt beim Nickerchen sehen oder, wenn es kalt war, neben einem der vielen prasselnden Kaminfeuer des Palastes.

Der Herzog de Apt dagegen, das war schon eine ganz andere Nummer. Schon ein paar Wochen nach seiner Ankunft begann er, seine Gefährten mit Argwohn zu beäugen. Kleine Flammen der Eifersucht bedrohten seinen Seelenfrieden. Er dachte angestrengt darüber nach, wie er die anderen von des Königs Wohlwollen abschneiden und alle Gunst auf sich versammeln könnte. Um seine Absicht zu verwirklichen, schlug er dem König einen öffentlichen Wettstreit vor.

«Majestät», begann er, «jetzt, wo der Winter vor der Tür steht, könnte es sein, daß dem Hofe ein wenig Unterhaltung guttäte, und ich habe da an etwas gedacht, was die Gunst Ihrer Königlichen Hoheit gewinnen könnte.»

«Wohlan», sagte der König und nickte, «sprich weiter.»

«Mein Vorschlag, Eure Majestät, besteht in einer Geschicklichkeitsprüfung für jeden Ihrer vier Diener, Graf Bockbeere, Sir Ursus, Baronin von Schleich und ich selbst. Jede dieser Prüfungen sollte vorher schriftlich festgelegt und erst im geeigneten Augenblick vorgelesen werden, damit die Vorstellung auch ganz unvorbereitet und ungezwungen abläuft.»

«Ausgezeichnet», antwortete der König und klatschte fröhlich in die Hände. «Aber ich weiß nicht, was ein jeder von euch am besten kann, deshalb wäre es eine große Hilfe, mein lieber de Apt, wenn du dir die Tricks ausdenken könntest.»

«Gewiß, Majestät, aber ich bin sicher, daß ich das nicht halb so gut könnte wie Ihr selbst», sagte der Herzog de Apt und schlug seine Augen auf die gefalteten Hände hernieder.

«Komm schon, so ein Unsinn!» sagte der König mit Nachdruck.

«Nun gut, Königliche Hoheit», sagte der Gorilla und blickte auf. «Aber ich möchte Euch bitten, das Verdienst, die Prüfungen ersonnen zu haben, Euch selbst zuzuschreiben. Ich möchte nicht als der Urheber meiner eigenen Überraschung erkannt werden.»

«Natürlich, natürlich, keine Angst. Ich verspreche, daß die Prüfungen als meine eigenen ausgegeben werden.»

«Danke, Eure Majestät. Ich werde mich nun vorbereiten. Sollen wir das Ereignis für morgen abend festlegen, sagen wir, nach dem Abendessen?»

«Ja, ja – ausgezeichnet, mein guter Gorilla! Ich werde sogleich den Kammerherrn informieren und dich morgen nachmittag treffen.»

Der Herzog de Apt zog sich zurück, um sein Vorhaben zu planen, während sich der König zur Königin begab. Ihre Unterhaltung jedoch war von jemandem belauscht worden, der ungesehen blieb – Baronin von Schleich. Sie war versteckt unter dem Thron und durch die Stimmen geweckt worden. «Aha!» dachte sie, «unser reizender Herzog plant eine nicht angekündigte Geschicklichkeitsprüfung. Vielleicht um mich abzusägen. Ich sollte mich auf die Socken machen und herausfinden, welchen Trick er für mich in petto hat.»

Baronin von Schleich tippelte leise die Gänge hinunter, an den Wänden entlang, ungesehen und ungehört, und schlich sich zur Tür des Gorillas. Sie konnte auf der anderen Seite seine Stimme hören und preßte ihr Ohr gegen das Schlüsselloch.

«S ... P ... R ... I ... N ... G ...» hörte sie den Herzog de Apt intonieren. Konnte er wirklich so schlecht schreiben, daß er sich alles laut buchstabieren mußte? So schien es. Sie konnte sich ihn vorstellen, wie er an seinem Schreibtisch saß und sich abmühte, die Zunge seitwärts ausgestreckt in tiefer Konzentration.

«V ... O ... M ...» fuhr der Gorilla fort. Aha! *Vom* – das konnte sie verstehen. Baronin von Schleich ließ sich nieder und hörte zu.

Nachdem am nächsten Tag, nach dem Abendessen, die Teller fortgetragen waren und nur noch die Kerzen und die glitzernden Trinkgläser übrig waren, erhob sich der König. Er bot einen großartigen Anblick in seinem roten, fließenden Seidengewand mit den feinsten Hermelinbesätzen an Kragen und Ärmeln. Mit leisem Räuspern gebot er Schweigen. Er hieß jedermann willkommen zum unterhaltsamen Teil des Abends, wobei er den Begriff «Scherzturnier» verwendete, um die Kunststücke zu beschreiben, die jedes Tier nun vollführen würde. Unter den Gästen und seinem Hofstaat brach erwartungsvolle Unruhe aus. Dann langte er tief in eine Innentasche seines Gewandes und holte, eines nach dem anderen, vier enggefaltete Papiere hervor. Er drehte seine Krone auf dem Tisch um, warf die Papiere hinein und mischte sie mit einer Hand.

«Mit Eurer Erlaubnis, Eure Majestät», rief die Baronin von Schleich da aus, «ich habe eine Frage.»

Entschlossen, mit hoch erhobenem Schwanz, tippelte sie auf das Podium zu. Untertänig blieb sie vor der ersten Stufe stehen, die sich über die ganze Länge der Halle erstreckte. Aller Augen waren auf sie gerichtet.

«So sprich, schöne Mieze», sagte der König mit einem Nicken und einer großmütigen Handbewegung.

«Majestät, heute habt Ihr einen spontanen Wettstreit zwischen uns Tieren vorgeschlagen – Katze, Gorilla, Hirsch und Bär –, und ich glaube, daß uns das große Freude machen wird. Aber, Majestät, ich denke, daß es einen Preis geben sollte für diejenigen, die ihre Aufgaben erfüllen, und eine Strafe für die Versager.»

«Gut», sagte der König und schlug kräftig mit der Hand auf den Tisch. «Ausgezeichnet! Was schwebt dir vor?»

«Eure Königliche Hoheit, es steht mir kaum zu, die Preise vorzuschlagen, aber ich denke, daß die Strafe Verbannung sein sollte – sich niemals wieder der königlichen Gunst oder der Freuden des Hoflebens erfreuen zu dürfen. Versagen verdient Verbannung. Unter solchen Bedingungen würde ich mit Freuden meinen Teil zum Abend beitragen.»

«Ja, ja, Eure Hoheit, das will ich auch!» unterbrach der Herzog de Apt, weil er sich nicht mehr beherrschen konnte. Zu gut paßten Baronin von Schleichs Vorstellungen mit seinen eigenen zusammen.

Die Katze lächelte den Gorilla unterwürfig an, als er vortrat, um sein Thema weiter auszuführen. «Majestät, Baronin von Schleichs Vorschlag würde unserem Ereignis erst die richtige Würze geben und ...»

«Und ich werde noch mehr Würze geben», unterbrach der König, «denn ich verkünde hiermit, daß ein jeglicher von euch, der die Leistung vollbringt, in der ein anderer versagt hat, auch dessen Preis einstreichen kann. Aber genug der Vorgeplänkel! Laßt uns beginnen.» Seine Hand tauchte in die umgedrehte

Krone, zog das erste Los heraus und las laut vor, nachdem er es aufgefaltet und sich zum Licht der Kerze gedreht hatte.

«Für Graf Bockbeere – Spring von der goldenen Galerie, die den Thronsaal umgibt.»

Verblüfftes Keuchen, Stühlerücken und bestürztes Rascheln erhob sich in der Halle. Denn die goldene Galerie, so genannt wegen ihrer reich geschnitzten, goldenen Stützbögen, ragte mindestens zwanzig Fuß über dem Boden auf. Graf Bockbeeres Aufgabe würde, wenn er sie ausführte, ihm sicherlich die Beine und wahrscheinlich auch sein Geweih brechen. Trotzdem ging der Hirsch langsam im Kreis, wobei seine harten, gespaltenen Hufe scharf auf dem Holzparkett aufschlugen, blickte nach oben und blieb schließlich vor dem König stehen, der sich wieder gesetzt hatte.

«Eure Majestät», sagte Graf Bockbeere leise, «diese Aufgabe kann ich nicht erfüllen, deshalb muß ich gehen.»

«Nein, du bleibst bis zum Schluß», sagte der König brüsk, denn die Situation regte ihn auf. «Kann irgendein anderes Tier diesen Sprung ausführen?» fügte er hinzu und blickte Gorilla und Bär scharf an. Beide schüttelten lebhaft ihre Köpfe.

«Kann ich es bitte einmal versuchen», rief Baronin von Schleich von hoch droben. Jedermann blickte nach oben. Sie war schon in Position gegangen und spazierte auf einer der Balustraden der goldenen Galerie.

«Ja, ja», sagte der König, «nur zu.»

Der Herzog de Apt glotzte mit offenem Mund und sah, wie Baronin von Schleich mit erstaunlicher Anmut durch die Luft segelte und sanft schlitternd am Rande eines großen blauen Teppichs landete.

«Bravo», rief jemand aus der Menge. Der König lächelte, und kurzer Applaus war zu vernehmen. Er stand auf und holte das nächste Papier aus der Krone.

«Für Sir Ursus», verkündete er, «bitte fang deinen eigenen Schwanz und ergreife ihn mit beiden Händen.»

Sir Ursus nun hatte *tatsächlich* wie jeder Bär einen Schwanz, aber nur einen sehr kleinen – ein Schwänzchen. Trotzdem war er durchaus für einen Versuch zu haben, selbst bei einem so kleinen und niedlichen Ziel. Mit hochmütiger Miene tapste er nach vorne und stellte sich mit verschränkten Armen in Pose, ein Bein vorgeschoben, das Gewicht auf die Zehen verlagert. Im Hintergrund schlug ein Hofmusikant einen munter machenden Akkord auf seiner Fiedel an, und gleich darauf, anfangs noch leise, fiel jemand mit heiterem Flötenspiel ein. Plötzlich setzte sich der Bär polternd in Bewegung und drehte sich wild in einer Richtung um seine eigene Achse, wobei er sich seit- und rückwärts bog. Nur einen kurzen Augenblick lang verhielt er, um nach Luft zu schnappen, bevor er sich wieder in die andere Richtung zu drehen begann. Er wirbelte und wirbelte, und immer war sein Schwanz nur ein Quentchen außerhalb seiner Reichweite. Das Publikum begann, im Rhythmus der Bewegungen des Bären zu klatschen, und feuerte ihn an; die Leute verließen ihre Tische und stellten sich im Kreis um ihn auf. Fröhlich und lustig ging es im ganzen Saal zu, und immer noch drehte sich der Bär und drehte sich und drehte sich.

«Genug!» rief da der König, und klopfte mehrmals mit dem Fuß eines gewichtigen Kristallbechers auf die Tafel. «Genug, Sir Ursus!» Der Bär hörte und gehorchte; dabei warf er seine Arme in die Luft – eine Geste, die sofort das Klatschen und die Musik zum Schweigen brachte.

«Ich gebe auf, Eure Majestät», sagte der Bär mit fester Stimme, senkte seine Arme und verbeugte sich mit anmutiger Bewegung. «Zwar ist es mir nicht gelungen, meinen Schwanz zu packen, dennoch ist das kein unfrohes Ende, was mich nun ereilt. Die Fülle, die Ihr mir zuteil werden ließet, wird in meiner Erinnerung ein ewiger Schatz bleiben. Dank an Ihre Königliche Hoheit.»

«Wohl gesprochen, Bär! Tritt nun zur Seite, denn wir wollen sehen, ob ein anderer sich versuchen möchte.»

Mit leichtem und sanftem Schritt trat Baronin von Schleich hervor. Eine leichte Verwirrung ließ die Augenbrauen des Herzogs de Apt hochschnellen, und er kratzte sich am hervorstehenden Kinn. Anmutig wedelte der Schwanz der Katze von einer Seite auf die andere und beschrieb dabei einige geschwinde Achterfiguren in der Luft.

Baronin von Schleich sprang, wirbelte in Richtung der fliehenden Schwanzspitze und hieb mit beiden Pfoten auf sie ein. Entzücktes Lachen entfuhr den Zuschauern. Der Gorilla lächelte höhnisch, verzog das Gesicht zu einer Grimasse und knirschte mit den Zähnen. Baronin von Schleich duckte sich, packte ihren Schwanz mit dem Maul, rollte sich auf die Seite und nahm ihren Schwanz triumphierend zwischen ihre beiden Vorderpfoten. Großer Applaus. Der König klopfte mit seiner Schale.

«Großartig, Baronin von Schleich!» rief er, als sich der Aufruhr gelegt hatte. «Noch nie sah ich soviel Geschick. Nun, wo du schon da bist, mal sehen, wie deine eigene Aufgabe aussieht? Was haben wir denn hier...» Der König entfaltete eines der beiden restlichen Papiere und versuchte die ungelenke Schrift zu entziffern. «Ah ja! Hier ist es. Hmmmm... oje... nun... ja, natürlich...» Er hustete einige Male trocken und las dann vor:

«Für Baronin von Schleich – bitte singe ein schönes Lied für uns.»

«Mit Freude, Eure Majestät», antwortete die Katze. «Singen ist meine private Lieblingsbeschäftigung, aber ich möchte mich ein wenig vorbereiten dürfen.»

«Es sei dir gewährt», sagte der König und rief nach mehr Wein. Baronin von Schleich verzog sich in eine Ecke und lockerte ihre Stimme mit einigen Kammerton-Übungen, acht Noten, auf und ab: «Miau, miau, miau, miau, miau, miau, miau, miau, MIAU!» – und dann wieder hinunter, mehrere Male, über einige Oktaven hinweg. Sie fand ihre Tasche unter einem Stuhl, wo sie sie zurückgelassen hatte, und kramte kurze Zeit außer Sichtweite in ihr herum, tauchte dann vor allen Augen wieder auf, frisch geschminkt und mit weißen Handschuhen, die ihr fast bis zu den Ellbogen reichten. Sie stellte sich in Positur und wartete. Stille senkte sich über die Halle.

Baronin von Schleich sang wunderschön. Ihre Stimme erhob sich vibrierend bis hinauf zu den Dachbalken – eine zarte, klagende Melodie mit schwebendem, herzzerreißendem Heulen. Es war ein Liebeslied, vom Schmerz kurz erhaschter Schönheit, unrettbar verloren in den Korridoren der Zeit.

«Deine Bernsteinaugen,
Jäh durchbohrten sie mich in tiefem Erstaunen
Unter dem weißen Mond
In jener stillen Juninacht»,

sang die Katze. Graziös bewegte sie sich inmitten der Höflinge, blieb hier und dort stehen, um einen bedeutungsvollen Blick oder eine zärtliche Berührung zu verteilen. Als sich Baronin von Schleich an Graf Bockbeeres behaarten Vorderbeinen rieb, zitterten mehrere große und leuchtende Tränen, verhielten und rollten dann an seiner fein ziselierten Schnauze hinunter. Bei einer besonders bewegenden Stelle in ihrem Text drückte sie die Hände des Herzogs de Apt zwischen ihren eigenen und säuselte flehend in sein verblüfftes Gesicht. Der Zauber dieses Katzenliedes dauerte fort und ergriff jedes Herz. Als sie sich dem Finale näherte, zog sie langsam neben dem großen Kaminfeuer ihre Handschuhe aus:

«Aber nun werf ich voll Verachtung
verlorene Liebe fort, wie meine samtenen Handschuhe ...»

warf sie ins Feuer und schloß mit den Worten:

«und schmiege mich in mein Fell
und schnurre und schnurre und schnurre!»

Donnernder Applaus. Baronin von Schleich trat unterwürfig zur Seite.

Verglichen damit war die Aufgabe für den Herzog de Apt in der Tat nicht besonders knifflig. Nachdem es dem König gelungen war, die Menge zum Schweigen zu bringen, las er das Papier des Gorillas vor, in dem es schlicht hieß:

«Für den Herzog de Apt – Bitte tritt vor mich hin, und mache eine tiefe und anmutige Verbeugung.»

Natürlich war der Gorilla inzwischen begierig darauf, seine dürftigen Talente zur Schau zu stellen, jetzt, wo Pussy drei der vier Preise für sich errungen und er selbst immer noch nichts geboten hatte. Er beeilte sich, seine Aufgabe zu erfüllen, und mußte entdecken, daß am Tiefpunkt seiner Verbeugung die Handknöchel unerklärlicherweise am Boden festgenagelt blieben. Als er sich mit seiner anderen Faust befreien wollte, klebte auch sie fest! Armer, tollpatschiger Narr, am Boden festgenagelt: Sofort begriff er, was Pussy mit ihren Handschuhen an seine Hände geschmiert hatte – ekligen, klebrigen Leim! Er wand sich und wütete, brummte, grollte und rutschte, während er sich mühte, um aufzustehen.

«Erhebe dich, ungeschickter Herzog, unfähiger de Apt!» rief der König mit Ärger in der Stimme. Der Gorilla zappelte um so mehr, und noch mehr, als er aus den Augenwinkeln sah, wie die Katze eine Reihe eleganter Verbeugungen und Hofknickse vor dem König hinlegte.

Der König zerriß die Papierzettel, warf sie in die Luft und sagte:

«O mein guter Gorilla! Auch du mußt von hier fort. Von heute an darf nur noch die Katze den König sehen!»

Die Kunst des Honigmachens

Es war einmal eine Biene, die herausfand, daß die Wespen noch nie von der Kunst des Honigmachens gehört hatten. Sie hielt es für ihre Pflicht, diese Fähigkeit den Wespen beizubringen, und wollte sich auf den Weg machen. Eine weise Biene erfuhr von ihrem Vorhaben und sagte:

«Du wirst dich zwar wundern, aber Wespen haben mit uns Bienen nicht viel im Sinn. Du würdest gar nicht zu Wort kommen, wenn du einfach so bei ihnen aufkreuzt. Sie sind nämlich seit uralter Zeit davon überzeugt, daß wir Bienen ihre Feinde sind.»

Die kleine Biene dachte darüber nach. «Mein Herz ist rein, und gute Absicht hat noch immer ihr Ziel erreicht.» Ihr kam eine Idee: wenn sie sich mit Blütenstaub Streifen auf ihren Körper malen würde, dann wäre sie von einer Wespe kaum zu unterscheiden.

Gedacht, getan. Von den Wespen als eine der Ihren akzeptiert, begann sie mit großem Enthusiasmus, ihnen die Kunst des Honigmachens beizubringen. Auch die Wespen waren begeistert und erwiesen sich als geschickte und harte Arbeiterinnen.

In einer Arbeitspause bemerkten die Wespen, daß sich die Verkleidung der Biene abgelöst hatte, erkannten sie und fielen in schöner Gemeinsamkeit über die wohlmeinende Biene her. Der Fremdling und alte Feind wurde zu Tode gestochen.

Und selbstverständlich landete der halbfertige Honig auf dem Müll. Denn war er nicht das Werk eines Fremden? Vielleicht wollte er uns gar vergiften und so in der alten Feindschaft die Oberhand gewinnen?

Der Fuchs und der Igel

Ein Fuchs wollte einen Fluß überqueren und wurde von der starken Strömung in einen kleinen Bach abgetrieben, wo er lange Zeit festsaß.

Schon nach kurzer Zeit war er übersät von blutsaugenden Bremsen, die sich auf ihm festsetzten.

Ein Igel, der zufällig des Weges kam, bemerkte den Fuchs in seiner unglücklichen Lage und rief:

«Möchtest du, daß ich die Fliegen vertreibe, die dich so sehr quälen?»

Aber der Fuchs sagte, er möge ihn in Ruhe lassen.

Der Igel war erstaunt. «Warum denn nicht?» fragte er.

Der Fuchs antwortete: «Weil die Fliegen, die an mir hängen, schon voll sind und nicht mehr viel Blut saugen. Wenn du sie vertreibst, stürzt sich ein weiterer Schwarm hungriger Fliegen auf mich – und würde keinen Tropfen Blut in meinem Körper übriglassen!»

Die Cleverness einer Schlange

Ein Mann, aller Sorgen der Welt ledig, marschierte eines Tages fröhlich pfeifend die Straße entlang, als ein merkwürdiger Gegenstand seine Aufmerksamkeit auf sich lenkte. «Mal sehen, was das ist...» dachte er bei sich selbst und marschierte geradewegs auf das Ding zu.

Als er es erreicht hatte, stellte er fest, daß es sich um einen höchst ungewöhnlich geformten, farbigen Felsbrocken handelte.

«Mal sehen, was sich darunter befindet...» sprach er und hob ihn auf.

Da ertönte plötzlich ein lautes, zischendes Geräusch, und eine gewaltige Schlange wand sich aus dem Loch, das von dem Stein zugedeckt war. Fürchterlich erschrocken ließ der Mann den Stein fallen. Die Schlange ging in Angriffsposition und sagte: «Ich werde dich jetzt töten, denn ich bin eine Giftschlange.»

Mit etwas zittriger Stimme sagte der Mann: «Aber wie kannst du nur? Ich habe dich doch befreit. Du vergiltst meine gute Tat mit einer schlechten – ein unwürdiges Benehmen unter zivilisierten Wesen.»

Die Schlange war um eine «zivilisierte» Antwort nicht verlegen: «Neugier, nicht Wohltätigkeit war die Triebfeder deines Handelns, noch dazu, ohne die möglichen Folgen deines Tuns zu bedenken. Wieso sprichst du nun plötzlich von ‹befreien›?»

Leise, als ob er zu sich selbst spreche, antwortete der Mann: «Wir müssen stets versuchen, zur Vernunft zurückzukehren, wenn wir zu denken aufhören.»

«Oh, ich bin großzügig. Es steht dir frei, zur Vernunft zurückzukehren, wenn du meinst, daß dir das etwas nützt», sagte die Schlange.

«Du hast recht», erwiderte der Mann, «von einer Schlange Vernunft zu erwarten ist töricht.»

«Von einer Schlange erwarte das Verhalten einer Schlange», sagte das Tier. «Für mich ist schlangenhaftes Benehmen das, was ich als vernünftig bezeichnen würde. Und deshalb werde ich dich jetzt töten.»

«Ich bitte dich, gib mir eine Chance. Ich habe jetzt schon viel von dir gelernt, und wie du weißt: Wissen ohne Handeln ist nutzlos. Du willst mich doch nicht töten, ohne daß ich diese Erkenntnis angewendet habe?»

«Nun gut, so sei es», sagte die Schlange. «Du sollst deine Chance erhalten. Ich werde dich auf deinem Weg begleiten, und das erste Wesen, das uns begegnet, soll unser Schiedsrichter sein, außer es ist ein Mensch oder eine Schlange.»

Natürlich war der Mann einverstanden, und so machten sie sich gemeinsam auf den Weg.

Schon bald begegneten sie einer Schafherde, und der Mann rief den Schafen zu: «Liebe Schafe, hier ist ein Mensch, ein Freund der Schafe! Ich habe noch niemals einem Schaf etwas zuleide getan. Bitte helft mir! Diese Schlange will mich töten. Sie wird mich jedoch verschonen, wenn ihr euch für mich einsetzt. Ich bitte euch, urteilt zu meinen Gunsten.»

Eines der Schafe erwiderte: «Seit vielen Jahren dienen wir treu dem Menschen, haben ihn Jahr für Jahr mit unserer Wolle gewärmt. Heute sind wir auf dieses Feld gebracht worden, um morgen geschlachtet zu werden, weil wir jetzt zu alt sind. Das ist der Dank der Menschen. Schlange, wir wären gerne an deiner Stelle. Töte diesen Menschen!»

Die Schlange rollte sich zusammen, und ihre grünen Augen leuchteten: «Mann, wenn dich so deine Freunde sehen, gruselt mich, wenn ich erst an deine Feinde denke!»

Verzweifelt bat der Mann: «Ich weiß, es ist viel verlangt, aber laß mir noch eine zweite Chance!»

«Ich will nicht so unvernünftig sein, wie du glaubst, daß ich es sei», antwortete die Schlange, «und deshalb soll es nach deinem – und nicht meinem – Kopf gehen.»

Der Mann war erleichtert, und sie setzten gemeinsam ihren Weg fort.

Kurz darauf begegneten sie einem Pferd, das einsam auf einer Weide angebunden war.

Die Schlange redete als erste das Pferd an: «Pferd, warum hat man dich angebunden?»

Das Pferd antwortete: «Viele Jahre lang habe ich einem Menschen gedient. Er gab mir unverlangt Futter und brachte mir bei, wie ich ihm dienen könnte. Jetzt bin ich zu schwach für die Arbeit und soll deshalb dem Pferdeschlächter verkauft werden. Angebunden bin ich, weil ich nicht zuviel Gras fressen soll, bevor ich dran bin.»

Der Mann war erschrocken: «Schlange, du willst doch nicht dieses Pferd zu meinem Richter machen?»

«Dieser Mann und ich», sagte die Schlange, «wir haben einen Vertrag. Und deshalb sollst du unseren Fall beurteilen.»

Sie erklärte den Sachverhalt, und das Pferd sagte: «Schlange, es liegt nicht in der Natur eines Pferdes, einen Menschen zu töten. Aber ich vermute, daß du als Schlange nicht anders handeln kannst, als ihn zu töten.»

«Um Himmels willen», rief der Mann, «gib mir doch noch eine einzige Chance. Ich habe bisher einfach kein Glück gehabt. Laß uns ein Tier aussuchen, das mir nicht von vornherein feindselig gesinnt ist und von diesen Dingen nichts weiß.»

«Ihr Menschen kennt uns Schlangen auch nicht», bemerkte die Schlange, «und trotzdem macht ihr Jagd auf uns. Aber gut: Du sollst deine letzte Chance bekommen.»

Und wieder machten sie sich auf den Weg.

Bald entdeckte der Mann einen schlafenden Fuchs unter einem Busch am Wegesrand. Vorsichtig weckte der Mann den Fuchs auf und sprach: «Erschrick nicht, Bruder Fuchs.» Dann erklärte er ihm seine Geschichte und sagte: «Nur deine Großzügigkeit und Freundlichkeit können mich jetzt noch retten. Eine weitere Chance wird es für mich nicht geben.»

Gelassen dachte der Fuchs einige Zeit nach und sagte dann: «Ich bin nicht sicher, ob Großzügigkeit und Freundlichkeit allein dir weiterhelfen können. Und nur euren Worten zu lauschen reicht auch nicht aus. Ich brauche eine Demonstration. Laßt uns an den Ausgangspunkt eurer Reise zurückkehren und an Ort und Stelle die Dinge untersuchen.»

Und so geschah es. Zu dritt kehrten sie zu dem merkwürdigen Stein zurück, der den Anfang der Pechsträhne des Manns markierte.

«Ich möchte mir die Situation so anschaulich wie möglich vorstellen können», sagte der Fuchs. «Gehen wir Schritt für Schritt vor. Schlange, nimm bitte deinen Platz in dem Loch unter dem Stein ein.»

Der Mann hob den Stein hoch, und die Schlange glitt in das Loch hinein. Augenblicklich ließ der Mann den Stein wieder fallen, und die Schlange war gefangen wie zuvor.

Der Fuchs sprach zu dem Mann: «Der Kreis hat sich geschlossen. Nur wenn du sie wieder freiläßt, kann die Schlange entkommen. Aber ich rate dir, laß die Dinge so, wie sie jetzt sind.»

Unter Tränen bedankte sich der Mann beim Fuchs.

«Dank allein ist nicht genug, Freund», erwiderte der Fuchs, «da hätten wir neben Großzügigkeit und Freundlichkeit noch das Problem meiner Entlohnung.»

«Wie kommst du auf die Idee, daß dir eine Belohnung zusteht?» fragte der Mann.

«Du kannst dir sicher denken», sagte der Fuchs, «daß ich mit einer solchen Nebensächlichkeit durchaus fertig werden kann, jetzt, wo ich dir bewiesen habe, welch schwierige Probleme ich zu meistern imstande bin. Ich verdiene gewiß eine Entschädigung. Wenn dir das nicht dein Sinn für Gerechtigkeit sagt, so doch wenigstens deine Angst. Was wir vielleicht – um deine Worte zu benutzen – ‹Vernunft› nennen könnten.»

Der Mann sagte: «Akzeptiert. Wenn du mich nach Hause begleitest, werde ich dir ein Huhn geben.»

Und so geschah es. Der Mann ging in seinen Hühnerstall und kehrte mit einem gefüllten Sack zurück.

Der Fuchs wollte gierig den Sack aufreißen, als der Mann sagte: «Nicht hier! Wenn meine Nachbarn merken, daß ich mit einem Fuchs gemeinsame Sache mache, könnte das meinem Ruf schaden, vielleicht würden sie dich sogar töten.»

«Klingt vernünftig», sagte der Fuchs, «was schlägst du also vor?»

«Du siehst doch die Bäume dort drüben. In ihrem Schutz wirst du deine Beute ungestört verspeisen können.»

Der Fuchs rannte davon.

Kaum hatte er die Bäume erreicht, fingen ihn die Jäger, die dort auf der Pirsch lagen. Der Mann hatte von ihnen gewußt. Und hier verläßt der Fuchs unsere Geschichte.

Und wie geht die Geschichte des Mannes weiter? Das wird uns die Zukunft weisen.

Schattenwurf

Bei Sonnenaufgang warf ein Fuchs einen Blick auf seinen Schatten und sagte: «Heute mittag werde ich ein Kamel verschlingen.»

Den ganzen Vormittag lang suchte er nach Kamelen.

Am Mittag betrachtete er wieder seinen Schatten und sprach: «Ich denke, eine Maus tut's auch.»

Die Tigerin und ihr Lehrer

Es war einmal eine junge Tigerin, die beim Jagen stets erfolglos blieb. Tag für Tag lauerte sie pflichtbewußt ihrer Beute auf, aber jedesmal entkam sie ihr. Sie versuchte sich an Rotwild, Affen, Ziegen, Vögeln und vielen anderen Tieren des Dschungels, aber es war alles vergebens. Immer mehr Tiere lachten lauthals, als ihr Ruf als unfähige Jägerin die Runde machte und ihre Geschichte erzählt wurde. Schließlich besuchte sie völlig verzweifelt ihre Kusine, die Katze, um sich Rat zu holen – denn Kusinchen war weithin als berühmte Jägerin bekannt.

«Sei nicht traurig», sagte die Katze. «Ich werde dich bei der Jagd begleiten, und dann werde ich schon herausfinden, was da schiefläuft.»

Gemeinsam machten sie sich auf den Weg, und schon bald hatten sie ein Kaninchen im Visier. Katz kletterte auf einen Baum, um die Technik der lieben Kusine zu studieren. Genau in dem Augenblick, als die Tigerin zum tödlichen Sprung ansetzte, hetzte das Kaninchen davon. Die Katze kicherte in sich hinein.

«Du mußt noch viel lernen», sagte sie zur Tigerin, als sie wieder auf die Erde geklettert war. «Ich kann dir einen speziellen Ausbildungskurs anbieten, aber ich muß dich warnen: es kann einige Zeit dauern, alle deine Fehler auszumerzen.»

«Macht nichts», sagte die Tigerin, «ich würde alles tun.»

«Wohlan denn», sagte die Katze, «alles, was ich verlange, ist, daß du mir mindestens ein Jahr lang treu dienst. Dann werden wir mit einem einfachen Test deine Fortschritte prüfen.»

Die Tigerin war einverstanden.

Tigerin diente Katz fortan in ihrem Heim, wischte Staub, putzte und polierte den Fußboden, wusch das Geschirr, machte die Betten und kochte für sie – was nicht einfach war, denn bei Katzens war alles so viel kleiner als in ihrem eigenen Heim. Trotzdem hielt sie durch, und als Gegenleistung brachte ihr Katz alles bei: wie sie lautlos durchs hohe Gras schleichen müsse, wie sie sich im Schatten verbergen, hinter Bäumen lauern könne, und noch viele andere Jagdtricks für Profis und Eingeweihte.

Ein Jahr verging, und für die Tigerin war die Zeit der Prüfung gekommen. Die Katze schickte sie los, um zu jagen, was sie nur erwischen konnte. Sie erblickte einen schönen Papagei auf einem niedrigen Ast, der sich geschäftig putzte, erinnerte sich an alle Lektionen und begann sich anzuschleichen. Bald schon war sie so nah, daß sie die Federn des Papageis zählen konnte. Sie spannte alle Muskeln für den Sprung, doch im gleichen Augenblick flog der Papagei kreischend auf und floh. Elend und enttäuscht schlich sich die Tigerin heimwärts und erzählte der Katze von ihrem Mißerfolg. Die Katze schnurrte und schüttelte ihren Kopf.

«Oje, oje», sagte sie. «Sieht so aus, als ob du ein weiteres Jahr Ausbildung brauchst.»

«Ich glaube auch», pflichtete die Tigerin trübsinnig bei.

In der Nähe des Katzenhauses wurde ein Übungsplatz eingerichtet. Die Katze lud Freunde ein, um die Tigerin beim Auflauern simulierter Beute zu beobachten. Die Gäste fanden das Ganze sehr lustig. Ein weiteres Jahr verging, und wieder machte sich die Tigerin auf den Weg, um ihre Fähigkeiten auf die Probe zu stellen.

Diesmal lauerte sie einem Eichhörnchen auf, das gerade mit Nüsseknabbern beschäftigt war. So geschickt näherte sich die Tigerin, daß sich nicht ein Grashalm bewegte. Aber genau bevor sie sprang, sauste das Eichhörnchen auf einen Baum.

Völlig niedergeschlagen und mit leeren Pfoten kehrte die Tigerin zur Katze zurück. Diesmal klang das Lachen der Katze fast grausam. Und doch einigten sie sich auf ein drittes Lehrjahr.

Langsam wurde die Katze immer herrischer. Sie bestand darauf, daß die Tigerin Überstunden machte, daß sie lächerliche Aufgaben übernehme, wie mehrmals die Blätter aus dem Blumengarten zu fegen oder zu zählen, wie viele Lotosblumen nachts bei Vollmond auf dem Teich blühen. Auf dem Übungsplatz praktizierte sie gleichzeitig ihre Jagdmethoden. Und sie übte und übte und übte. Noch ein Jahr verging, und wieder kam die Zeit für die Prüfung.

Die Technik der Tigerin war vollkommen. Lautlos wie ein Schatten und Zentimeter für Zentimeter näherte sie sich einem appetitlichen Wildschwein, bis sie ihre Pfote hätte ausstrecken und sein winziges Schwänzchen greifen können. Wieder spannte sie alle Muskeln an, um das Schwein anzuspringen, als es wild grunzend in ein Dorngebüsch davonstob.

Die Tigerin warf sich auf den Boden, bedeckte ihren Kopf mit den Pfoten und weinte voll Verzweiflung. Warum war sie nur ein so hoffnungsloser Fall? Warum konnte ihre Beute immer in letzter Sekunde entkommen? Sie war es einfach müde, sich nur von Gemüse, Nüssen und einem gelegentlichen Bissen Maus zu ernähren, den ihr die Katze von Zeit zu Zeit gönnte. Es war eine solche Schande. Sie überlegte schon, ob es nicht besser wäre, ganz mit dem Essen aufzuhören und sich zu Tode zu hungern. Das wäre ehrenhafter, als der Haussklave einer Katze zu sein.

«So wird das nichts», sagte eine tiefe, freundliche Stimme. Sie blickte auf und sah einen hübschen Tiger, der ganz in ihrer Nähe saß und lächelte. Sie erhob sich und trocknete sich die Augen.

«Was willst du damit sagen?» fragte sie etwas barsch.

«Das Gebrüll», antwortete der Tiger. «Das war die feinste Pirsch, die ich jemals gesehen habe. Einfach großartig. Aber im letzten Moment hast du gebrüllt. Das ist dein Fehler. Laß das Gebrüll, bevor du zuschlägst.»

«WAS!!» brüllte die Tigerin, denn sie begriff, daß die Katze ihr diese zentrale Information drei Jahre lang vorenthalten hatte. «WAS!!» Sie brüllte noch einmal, lauter jetzt, ihr Körper zitternd vor Wut.

«Halt, halt», sagte der Tiger. «Reg dich nicht auf. Schon ganz andere Tiger haben denselben Fehler gemacht.»

«Darum geht es nicht», grummelte die Tigerin und machte dabei das drohendste Gesicht, das sie nur machen konnte. «Man hat mich ausgetrickst.»

«Oh, wirklich», sagte der Tiger. «Erzähl mir alles.»

«Später», sagte die Tigerin. «Ich hab noch ein ganz besonderes Stückchen Jagdkunst vor mir. Wenn du hier auf mich wartest, ich werde nicht lange brauchen.»

Sie machte sich auf den Weg zu Kusine Katzens Haus, um ihre neue Fähigkeit zu erproben. Und *diesmal* war sie höchst erfolgreich.

Absurdität

«Wie absurd!» sagte die Eintagsfliege, als sie zum erstenmal das Wort «Woche» hörte.

Der Fuchs und der Weinstock

Ein Fuchs erblickte eines Tages einen wunderbaren Weinstock, voll beladen mit den köstlichsten Trauben. Diesmal hingen die Trauben nicht zu hoch. Er fraß sich an ihnen satt, rülpste kräftig und rieb sich zufrieden den Bauch. Gerade als er sich wieder auf den Weg machen wollte, hörte er einen tiefen Seufzer.

«Warst du das?» fragte er den Weinstock.

«Ja, ja, ich war das. Und ich denke, ich habe allen Grund, traurig zu sein», sagte der Weinstock. «Mensch und Tier kommen zu mir, holen sich Jahr für Jahr meine Trauben und laben sich daran. Aber glaubst du, daß sich schon jemals einer von ihnen bei mir bedankt hätte? Bis auf den heutigen Tag noch nie!»

Der Fuchs legte seinen Kopf auf die Seite und dachte nach. Dann sagte er: «Nun, mein lieber Weinstock, ich glaube den Grund dafür zu kennen. Es hängt sicherlich damit zusammen, daß du gar nicht anders kannst, als Trauben zu produzieren.»

Egoismus

Eine weise, alte Eule wurde von einer jungen, intellektuellen Artgenossin gefragt, warum sie die Bewohner des Waldes nicht für ihre Dummheit und ihr vielfaches Fehlverhalten kritisiere. Sie antwortete:

«Aus Egoismus. Wenn jemand den Fehler eines Nachbarn anprangert, kann das gut für den ganzen Wald sein. Doch wenn dieser Jemand noch nicht seine Überheblichkeit überwunden hat, wird ihn das Kritiküben noch überheblicher werden lassen. Ich bin viel zu egoistisch, als daß ich mich durch eine Steigerung meiner Überheblichkeit vergiften lasse.»

Die Kraft des Gebets

Ein weiser Hund begegnete einst einem Rudel Katzen.

Er bemerkte, daß sie sehr beschäftigt waren und nicht auf ihn achteten, und so versteckte er sich in einem Gebüsch und beobachtete und lauschte.

Ein großer, fetter Kater erhob sich, blickte in die Runde und sagte: «Brüder! Hört auf mich und betet! Wenn ihr allen Zweifel aus euren Herzen verbannt habt und unermüdlich betet, dann wird es wahrlich Mäuse regnen!»

Der Hund hörte das, kicherte leise in sich hinein und dachte bei sich: «Diese mit Blindheit geschlagenen Katzen! Seit Anfang aller Zeiten weiß jedes Wesen, daß es zum Lohn für demütiges Gebet nicht Mäuse, sondern Knochen regnet!»

Und er wandte sich zum Gehen. Hier würde er nicht gebraucht werden.

Die Mücke und der Elefant

Es war einmal eine Mücke namens Namuss, die wegen ihrer Feinfühligkeit als «Namuss, die Empfindsame», bekannt war. Eines Tages entschloß sich die Mücke – nach reiflichem Nachdenken und auf der Basis guter und überzeugender Gründe –, in ein anderes Haus zu ziehen. Der Platz, den sie sich als außerordentlich geeignet aussuchte, war das Ohr eines Elefanten.

Es gab nun nichts mehr zu tun, als tatsächlich einzuziehen, und schon bald hatte sich Namuss in dem geräumigen und höchst attraktiven Quartier eingerichtet. Die Zeit verging. Generationen von Mücken zog Namuss auf und schickte sie in die Welt hinaus. Sie machte die üblichen Erfahrungen der Spannung und Entspannung, die Gefühle der Freude und Trauer, der Mühe und des Gelingens, so, wie sie das Los aller Mücken dieser Welt sind, wo immer es Mücken geben mag.

Das Ohr des Elefanten war ja ihr Heim, und wie das immer zu sein pflegt, fühlte sie (und mit der Zeit war sie von diesem Gefühl von Kopf bis Fuß durchdrungen), daß zwischen ihrem Leben, ihrem Schicksal, ihrem eigentlichen Wesen und diesem Ort eine enge Verbindung bestand. Das Ohr war so warm, so einladend, so weitläufig, der Schauplatz so vieler Erfahrungen.

Natürlich war Namuss, die Mücke, nicht ohne das gebührende Zeremoniell in das Haus eingezogen, nicht ohne Rücksicht auf die Lage, die sie damals vorfand. Gleich am ersten Tage, noch vor dem Einzug, hatte sie mit der höchsten Kraft ihrer winzigen Stimme ihren Entschluß verkündet und gerufen:

«O Elefant! Wisse, daß niemand anders als ich, Namuss, die Mücke, bekannt als Namuss, die Empfindsame, beabsichtige, diese Stätte zu meiner Wohnung zu machen. Der Sitte gemäß gebe ich dir hiermit Kenntnis von meiner Absicht.»

Der Elefant hatte keine Einwände erhoben.

Aber die Mücke Namuss wußte nicht, daß der Elefant sie überhaupt nicht gehört hatte. Aus eben diesem Grunde hatte der Gastgeber auch weder etwas von dem Einzug – oder auch nur von der Anwesenheit oder Abwesenheit der Mücke gemerkt noch irgend etwas von ihrer zahlreichen Familie. Nun, warum sollte man das auch noch übertrieben ausmalen; es war eben so, daß der Elefant keine Ahnung davon hatte, daß dort überhaupt irgendwelche Mücken wohnten.

Und als der Augenblick kam, daß Namuss, die empfindsame Mücke, sich aus was auch immer für zwingenden und wichtigen Gründen entschloß, wieder umzuziehen, bedachte sie, daß dies in Übereinstimmung mit den bestehenden und geheiligten Sitten und Gebräuchen vor sich gehen müsse. Sie bereitete sich auf die offizielle Kundgebung ihres Auszugs aus dem Ohr des Elefanten vor.

So geschah es, daß Namuss, die Mücke, nachdem sie ihre Entscheidung endgültig und unwiderruflich gefällt und ihre Worte ausreichend eingeübt hatte, wieder in das Ohr des Elefanten hinunterrief. Sie rief einmal und bekam keine Antwort. Sie rief noch einmal, und wieder schwieg der Elefant. Beim drittenmal nahm sie alle ihre Kraft zusammen, entschlossen, ihre drängende und doch flüssige Rede anzubringen, und sie rief: «O Elefant! Wisse, daß ich, Namuss, die feste Absicht habe, Herd und Heim zu verlassen; diese meine Wohnung in deinem Ohr, in der ich so lange gewohnt habe, will ich aufgeben. Es geschieht aus wichtigen und zureichenden Gründen, die ich bereit bin, mit dir auseinanderzusetzen.»

Nun endlich erreichte die Rede der Mücke das Gehör des Elefanten, der Mückenruf drang durch. Während der Elefant noch über die Worte nachdachte, rief Namuss: «Was hast du auf meine Neuigkeit zu antworten? Was bewegt dich in Anbetracht meiner Abreise?»

Der Elefant hob seinen Kopf und trompetete ein wenig. Und in diesem Trompeten lag folgender Sinn: «Geh in Frieden – denn in Wahrheit bedeutet mir dein Weggehen nicht mehr und nicht weniger, als mir dein Kommen bedeutet hat.»

Die beiden Gefangenen

Vor langen Jahrhunderten standen im Palastgarten des Sultans zwei Käfige. In dem einen fristete ein Löwe sein Leben, den des Sultans Jäger unter großen Mühen und Anstrengungen aus einem fernen Land gebracht hatten. Im anderen lebte ein Spatz, der nicht singen konnte.

Jeden Morgen rief der Spatz dem Löwen zu: «Guten Morgen, Bruder Gefangener!»

Der Tiger naht!

Auf der Flucht vor einem jagenden Tiger blieb ein Hirsch lange genug stehen, um einer Maus, die seelenruhig neben ihrem Loch saß, zuzurufen:

«Der König des Dschungels naht, der Tiger ist hungrig, flieh um dein Leben!»

Die Maus knabberte gelassen an einem Grashalm und erwiderte:

«Solltest du mal wieder hier vorbeischauen mit Nachrichten von einer hungrigen Katze, *dann* werde ich dir mein Ohr leihen.»

Mit offenen Augen

Ein fetter Gockel breitete eines frühen Morgens seine Flügel aus, erhob sich in die Lüfte, ließ sich mehr oder weniger elegant auf einem Zaun nieder und begann aus voller Kehle zu krähen. Unsanft aus dem Schlaf gerissen, steckte ein Fuchs seine Nase aus dem nahen Wäldchen heraus.

«Junge, Junge», dachte er, «ich schätze, ich muß dem Kerl eine Lektion erteilen. Außerdem ist Frühstückszeit.»

«Guten Morgen», säuselte der Fuchs, «ich habe deinen wunderschönen Gesang vernommen, ein wahrer Ohrenschmaus. Übrigens, da fällt mir ein: Schon dein Vater war ein wunderbarer Sänger vor dem Herrn. Kunststückchen beherrschte der...»

«Zum Beispiel?» fragte der geschmeichelte Hahn.

«Nun, manchmal stand er mit einem Bein auf dem Zaun und trillerte mit geschlossenen Augen.»

«Keine Kunst», sagte der Hahn, stellte sich auf ein Bein, schloß die Augen und jodelte aus Leibeskräften. Blumen verwelkten.

Schon eilte der Fuchs herbei, packte den Hahn und schleppte ihn zum Wald. Dort hielt er ihn fest und wollte ihm gerade nach Art der Füchse den Hals umdrehen.

«Moooment», ächzte der Hahn, «dein Vater hatte damals ein besseres Benehmen, bevor er sich ans Fressen machte.»

Indigniert fragte der Fuchs: «Und? Was hast du an meinem auszusetzen? Hunger ist Hunger.»

«Fromm und gottesfürchtig war dein Vater, Gott hab ihn selig. Nie hat er beim Essen das Dankgebet vergessen.»

Das ließ sich der Fuchs nicht gefallen. Andächtig legte er seine Vorderpfoten zusammen, schloß die Augen und murmelte ein Gebet. Kaum hatte er begonnen, befreite sich der Hahn und flog davon. Vom sicheren Hochstand in den Bäumen aus rief er zum Fuchs hinunter: «Ich vergaß: Dein Vater hat das Gebet immer erst nach dem Essen gesprochen. Und wenn, dann stets mit offenen Augen.»

Der Falke des Königs

Es war einmal ein König, der mit seinem Lieblingsfalken zur Jagd ritt. Schon bald hatte der scharfsichtige Falke einen Hasen aufgestöbert, der König folgte ihm im gestreckten Galopp, stieg vom Pferd und nahm den Hasen aus den Fängen des Falken.

Durstig war nun der König, und so suchte er nach einer Quelle oder einem Bach, um seinen Durst zu stillen, denn er lebte in jenen glücklichen Tagen, da man noch das Wasser genießen konnte, wie es aus dem Boden kam. Doch er fand nur ein winziges Wasserbächlein, das Tropfen um Tropfen von einem Felsen rann. Geduldig stellte er seinen Becher darunter und wartete, bis er voll war.

Als er ihn schließlich zum Munde führen wollte, flatterte der Falke von seiner Hand auf, schlug mit den Flügeln und verschüttete das Wasser.

Noch einmal stellte der König seinen Becher dem Wasser in den Weg und füllte ihn. Kaum hatte er den Becher zum Mund geführt, da schlug der Falke wieder mit den Flügeln, stärker als zuvor, und wieder verschüttete er das ganze Wasser.

Ein drittes Mal versuchte es der König, und auch diesmal hatte er keine Chance: der Falke war schneller.

Dem König riß der Geduldsfaden, er hob einen Stein auf, warf ihn nach dem Falken und tötete ihn.

Inzwischen waren die Diener des Königs eingetroffen, und als guter dienstbarer Geist lief einer von ihnen den Hügel hinauf zur Quelle des Rinnsals, in der Hoffnung, den Becher schneller füllen zu können.

Er kehrte mit leerem Becher zurück und sagte: «Das Wasser ist vergiftet. Eine Schlange liegt in der Quelle und läßt ihr Gift ins Wasser fließen. Nur ein Tropfen von diesem Wasser würde Eure Majestät töten.»

Die Absicht der Nachtigall

Eine heimatlose Nachtigall beschloß einst, sich in einem bestimmten Wald anzusiedeln. Doch die Vögel, die dort lebten, hatten ihre eigenen Ansichten darüber und vertrieben sie nach kurzer Zeit.

Als sie traurig am Rande einer nahe gelegenen Straße hockte, wurde sie von einer anderen Nachtigall erspäht, die bei ihr haltmachte und sich erkundigte, weshalb sie so verloren aussähe.

«Ich habe versucht», erzählte die erste Nachtigall, «mich inmitten anderer Vögel niederzulassen, doch sie hackten auf mich ein, fielen über mich her und schlugen mich mit ihren Flügeln, bis mir nichts anderes übrigblieb, als den Wald dort drüben zu verlassen.»

«Vielleicht hast du zu sehr angegeben», meinte die andere Nachtigall. «Als ich in einer ähnlichen Situation nach einem Baum für mich suchte, versammelten sich erst einmal alle Vögel um mich und fragten, was ich machen und warum ich singen würde.»

«Ja, die Vögel taten dasselbe mit mir», erwiderte die erste Nachtigall.

«Und was hast du gesagt?»

«Ich sagte: ‹Ich singe, weil ich einfach nicht anders kann!›»

«Und dann?»

«Und dann griffen sie mich an, wie ich es beschrieben habe.»

«Ah», sagte der andere Vogel, «das war dein Fehler. Sie dachten, du hättest keine Selbstbeherrschung, du seist womöglich verrückt, und das könnte sie dazu verleiten, sich genauso zu benehmen. Als *ich* dasselbe gefragt wurde, erklärte ich: ‹Ich versuche, euch mit meinem Gesang zu erfreuen.› *Das* war eine Absicht, die sie verstehen konnten.»

Drei gute Ratschläge

Ein Jäger fing eines Tages einen Vogel. Der Vogel sagte zu ihm: «Wenn du es dir genau überlegst, bin ich dir als Gefangener reichlich nutzlos. Wenn du mich freiläßt, dann werde ich dir drei gute Ratschläge geben.»

Der Vogel versprach, den ersten Rat zu geben, während er noch in Händen des Jägers war, den zweiten von einem Ast aus und den dritten, wenn er die Spitze eines Berges erreicht hatte.

Der Jäger war einverstanden und bat um den ersten guten Rat.

Der Vogel sagte:

«Wenn du etwas verlierst, selbst wenn du es so sehr wie dein eigenes Leben geliebt hast – bedaure es nicht.»

Jetzt ließ ihn der Jäger los, und er flog auf einen Zweig.

Er fuhr mit dem zweiten guten Rat fort:

«Glaube nie etwas, das der Vernunft widerspricht, ohne es nachgeprüft zu haben.»

Dann flog der Vogel auf die Spitze des Berges. Von dort aus sagte er:

«O du Unglücklicher! In meinem Bauch trage ich zwei enorm

große Edelsteine, und wenn du mich getötet hättest, dann wären sie jetzt dein!»

Der Jäger ärgerte sich über alle Maßen bei dem Gedanken daran, was er verloren hatte, sagte aber dann: «Gib mir wenigstens jetzt den dritten guten Rat.»

Der Vogel antwortete:

«Was für ein Narr du doch bist! Fragst mich um noch mehr Rat, obwohl du die beiden ersten nicht befolgt hast. Ich habe dir geraten, Verlorenem nicht nachzutrauern und nichts zu glauben, was der Vernunft widerspricht. Jetzt tust du beides. Du glaubst etwas Lächerliches und bist wütend, weil du etwas verloren hast! Ich bin nicht groß genug, um zwei große Edelsteine verschluckt zu haben.

Du bist ein Narr. Deshalb mußt du dich dein Leben lang innerhalb der Grenzen, die dem Menschen auferlegt sind, aufhalten.»

Der goldene Adler

Ein Wanderer fand eines Tages ein Adlerei. Es war noch warm, deshalb legte er es zu einer Henne ins Nest. Der kleine Adler schlüpfte mit den Küken aus und wuchs zusammen mit ihnen auf.

Sein ganzes Leben benahm sich der Adler wie alle anderen Küken auch, weil er keinen Anlaß hatte, sich für etwas anderes als ein dummes Huhn zu halten. Er scharrte und kratzte, pickte nach Körnern und Regenwürmern. Er gluckte und gackerte. Und manchmal schlug er mit den Flügeln und flatterte ein paar Meter weit, wie es bei der Hühnerschar Sitte ist.

Die Jahre zogen ins Land, und der Adler wurde sehr alt. Eines Tages hob er den Kopf zum Himmel und sah einen herrlichen Vogel hoch oben am wolkenlosen Himmel. Anmutig und majestätisch schwebte er in den Windströmungen, scheinbar schwerelos und ohne Anstrengung, fast ohne seinen kraftvollen, goldenen Flügel zu bewegen.

Der alte Adler empfand einen seltsamen, nostalgischen Schmerz, während er ehrfürchtig emporblickte.

«Wer ist das?» fragte er seinen Nachbarn.

«Das ist der Adler, der König der Vögel», sagte der Nachbar. «Aber verschwende keinen Gedanken an ihn. Du und ich, wir haben nichts mit ihm zu schaffen.»

Also vergaß der alte Adler diesen wunderbaren Vogel wieder. Ablenkungen für uns Hühner gibt es ja genug.

Wider die Tyrannei

Es war einmal ein Löwe, der herrschte höchst unweise und auf rechte Tyrannenart und war bei allen Untertanen gefürchtet. Schließlich machte sich eine Abordnung auf den weiten Weg zu einer weisen Eule. Man wollte sie um Rat fragen, wie man den Despoten loswerden könne.

«Nun», sagte die Eule, «ein direktes Eingreifen verbietet sich von selbst. Ich muß mich der vorhandenen Elemente und Grundstoffe bedienen. Die Erkenntnis der verborgenen Muster im Leben und im Denken ist die Arbeit der Weisen.»

Kurz darauf bat sie um Audienz beim König.

«Eure hochherrschaftliche Majestät», sagte die Eule, «ich bestehe darauf, genau hier getötet zu werden, drei Schritte vor Eurem Thron, genau in zwei Stunden von jetzt an gerechnet.»

Die anwesenden Höflinge murmelten untereinander: «Welche Größe, welcher Mut! Zweifellos will die Eule ein Märtyrer werden, damit die Tiere, wenn sie getötet wird, zornmütig einen Aufstand anzetteln und das Monster vom Thron stoßen...»

Dem Löwen waren die Dinge nicht so einsichtig, trotzdem

schöpfte er Verdacht: «Ab in den Kerker mit der Eule, foltert sie gründlich, bis sie mit der Wahrheit rausrückt und uns erzählt, warum sie getötet werden will!»

Zwei Stunden später kam der Chef der Folterknechte mit der Gefangenen im Schlepptau zum König und berichtete: «Sie sagt, daß es da eine Weissagung gibt. Wer auch immer an diesem Fleck zur angegebenen Zeit stirbt, wird augenblicklich zum höchsten Wesen des Zeitalters.»

Der König trat hervor: «Tötet mich, jetzt sofort!» rief er mit befehlsgewohnter Stimme – und niemand, wahrhaftig niemand wagte es, sich seinem Befehl zu widersetzen.

Nur ein Kind

Beim Frauenklatsch hörte ein Hasenweibchen, daß Löwinnen in ihrem ganzen Leben nur ein oder zwei Junge zur Welt bringen können. Als es einige Zeit später einer Löwin begegnete, fragte es daher: «Stimmt es, daß du in deinem ganzen Leben nur ein oder zwei Kinder hast? Ich bin kleiner als du und ziehe in einem Jahr viele Junge auf.»

Die Löwin antwortete: «Stimmt. Doch mein Junges ist ein Löwenjunges.»

Meinung und Erkenntnis

Es war einmal ein Fuchs, der wirklich recht viel von sich selbst hielt. Er war überzeugt, daß alle seine Meinungen wirkliche Tatsachen waren – und daß Meinungen eigentlich etwas für minderwertige Geschöpfe seien, nicht aber für ihn, den Fuchs.

Eines Tages dachte er gerade darüber nach, als einige Hühner des Wegs kamen und pickten und scharrten. Als sie ihn entdeckten, flohen sie und flatterten und gackerten aus Leibeskräften.

Der Fuchs verfolgte sie, und als sie völlig erschöpft stehenblieben und am Boden kauerten, fragte er sie, was sie da tun. «Wir laufen weg, weil wir Angst vor dir haben – du frißt uns vielleicht!»

«Das ist nur eure Vermutung. Ich bin sicher, es ist eine Tatsache, daß ich keine Aggression in mir habe und daß ich euch nicht fressen würde», antwortete der Fuchs. «Aber bevor ich mich selbst prüfe, möchte ich euch lieber mit Hilfe einer Demonstration etwas beibringen. Versucht doch einfach einmal euer Bestes, um mich wütend zu machen.»

Die Hühner wurden sehr neugierig und begannen, an ihm herumzupicken und kleine Steinchen zu schleudern. Je weniger er darauf reagierte, desto lauter lachten sie.

Plötzlich knurrte der Fuchs und rief den aufgeschreckt davonhetzenden Hühnern nach: «Jetzt weiß ich, warum Füchse Hühner jagen. Wenn sie es lassen würden und alle Hühner sich so benähmen wie ihr, dann wäre das Fuchsleben einfach unerträglich. Nur dem Außenstehenden scheint es, als ob der Fuchs immer mit den Aggressionen anfängt.»

Wort und Klang

Es war einmal ein weiser Fuchs, der zum Hofstaat des Königs der Wölfe gehörte. Eines Tages sagte der König zu ihm:

«Ich kann deine Philosophie einfach nicht verstehen, andererseits kann ich auch nicht anders: ich bewundere dich als eines der interessantesten Lebewesen, die ich je kennengelernt habe.»

Der Fuchs sagte zum König:

«Welche Schwierigkeiten hast du denn?»

Der König antwortete:

«Wie kann beispielsweise ein Klang ein Lebewesen stärker beeinflussen als Worte, besonders ein gebildetes und kultiviertes Lebewesen?»

Der Fuchs sagte:

«Wenn die Umstände es zulassen, werde ich dir demonstrieren, was ich meine.»

Eines Tages gingen Wolfskönig und Fuchs auf Tigerjagd. Der König nun war ein höchst gesprächiges Tier und konnte niemals seine Schnauze halten; immer wieder vergaß er, seine Stimme nicht zu erheben, und ein Tiger nach dem anderen wurde verscheucht.

Der Anführer der Jagdgesellschaft begab sich zum Fuchs, während alle ausruhten, verbeugte sich tief und sagte:

«Es heißt, wenn Geschick und Reputation versagen, dann bleibt nur noch der Gang zu den Weisen. Könnten Sie nicht den König bitten, still zu sein, wenn wir dem Tiger auflauern? Ich Unwürdiger bitte Sie um Hilfe, denn wenn wir keinen Tiger von dieser Jagd heimbringen, bin ich es, der das Fehlverhalten des Königs ausbaden muß, und meine Frau und meine Kinder wie auch mein Ruf als Jäger werden darunter zu leiden haben.»

Der Fuchs sagte zu, dem Jägerwolf zu helfen. Als sie den König wieder eingeholt hatten, bemerkte er, daß der König immer noch schwatzte und plapperte.

Der Fuchs beugte sich zum König hinüber und sagte leise: «Ti...»

Augenblicklich schwieg der König und flüsterte so leise, daß es sogar ein Tiger nicht gehört hätte: «...ger?»

Der Fuchs sagte:

«Jetzt, wo Ihre Majestät geruhten, nach dem Klang ‹Ti...› für einen Augenblick Ruhe zu geben, und sogar den unsinnigen Klang ‹...ger?› beisteuerten, erlauben Sie mir eine Bemerkung: Während des ganzen Tages hatten Worte wie ‹Bitte seien Sie still› oder ‹Wenn wir laut reden, werden wir die Tiger verscheuchen› oder gar ‹Leise!› keinerlei Wirkung auf jemanden, der behauptet, Worte seien Klängen überlegen. Darüber hinaus sollten Sie sich jetzt klarwerden, daß man in der Regel sehr wohl weiß, was andere sagen wollen. ‹Ich verstehe nicht› mag zwar aus Worten zusammengesetzt sein, aber wenn man einmal genau nachprüft, bedeutet es in Wirklichkeit gar nichts. Ich habe gerade Ihre Aussage, ‹Ich kann deine Philosophie einfach nicht verstehen›, einer Prüfung unterzogen.»

Er ist der Grösste

Allmählich hatte es sich herumgesprochen im Königreich der Tiere: Der Strauß ist der größte Vogel im ganzen Erdenrund. Diese Tatsache machte großen Eindruck auf die Tiere, besonders auf diejenigen, die ihn noch nie gesehen hatten. Man erzählte sich gerade unter ihnen die wundersamsten Geschichten von seiner Kraft und Geschicklichkeit.

Als das pfeilschnelle Rentier eines Tages den Strauß zu Gesicht bekam, dachte es bei sich: «Na ja, ein guter Läufer ist er nicht gerade. Aber sicherlich fliegt er höher als der Adler.»

Und als der Adler seinen ersten Strauß sah, sagte er zu seinen Kollegen der Lüfte: «Jungs, fliegen kann er nicht. Aber ich glaube, er läuft schneller als ein Gepard.»

Die Legende vom Dachs

Es war einmal ein fleißiger und vielleicht etwas naiver Dachs, der Jahr um Jahr gewissenhaft und treu seinen Pflichten als Familienvater nachkam, durch keine spektakulären Eskapaden auffiel und ansonsten bei den Tieren im Walde als etwas langweilig galt.

Eines Tages ließ er sich in einem Anfall von Risikobereitschaft dazu hinreißen, im Frühherbst seine sämtlichen Ersparnisse für schlechte Zeiten einem Biber zu leihen, einem gerissenen Individuum, der versprach, das Geld gut anzulegen und zu investieren und damit dem Dachs zu einem guten Profit zu verhelfen.

Als die Tage kühler wurden und die Luft schon nach Schnee roch, suchte der Dachs den Biber auf, um zu erfahren, wann er denn mit den versprochenen Gewinnen rechnen könne. Der Biber sagte: «Was? Ich habe noch nie von dir gehört, geschweige denn dich gesehen. Geld? Habe ich keins. Verschwinde, sonst rufe ich die Polizei und lasse dich wegen Erpressung einbuchten!»

Der einfältige Dachs hatte sich dummerweise keine Quittung geben lassen, und bei der Transaktion waren auch keine Zeugen zugegen gewesen. Er begriff, daß er keine Chance hatte. Traurig schlich er nach Hause, und die Furcht vor dem Winter nagte an seinen Gedärmen.

An diesem Abend entschloß er sich, zum Gott der Tiere zu beten, weil er keinen anderen Ausweg mehr sah: «O Gott! Ich flehe um Gerechtigkeit, denn gerade jetzt brauche ich mein Erspartes. Mir ist es gleich, wie du das schaffst, denn mir sind die üblichen Wege verschlossen.»

Wie es der Zufall, der kein Zufall ist, wollte, kam gerade ein weithin bekannter, reichlich verwegen und abgerissen aussehender Fuchs des Wegs und hörte das flehentliche Bitten des Dachses. Kaum hatte dieser geendet, tauchte der Fuchs auf und sagte: «Ich werde dir helfen; denn alles braucht ein Vehikel, und vielleicht erhältst du durch mich eine Antwort auf deine Gebete.»

Der Dachs erschrak fürchterlich, denn der Fuchs stand in dem Ruf, den «bösen Blick» zu haben, und Sorgen hatte er schließlich schon genug.

«Du wirst mir nicht glauben», sagte der Fuchs, «aber vielleicht interessiert es dich, daß ich, obwohl mich die Leutchen hier im Wald hassen, Gutes tue; genau wie viele, die sie lieben, Böses tun. Ich werde mich deiner Sache annehmen.»

Mit diesen Worten machte sich der Fuchs wieder auf den Weg. Nicht lange danach stand der Dachs in der Nähe der Behausung des Bibers und grübelte darüber nach, wie er an sein Erspartes kommen könnte. Genau in diesem Augenblick trat der Fuchs auf ihn zu und rief: «Ah, mein Freund Dachs! Komm heute abend zu mir nach Hause, denn ich habe mich nun doch entschlossen, dir einige meiner Geheimnisse anzuvertrauen. Ich werde dir Dinge beibringen, die dir sehr nützlich sein werden, und du wirst danach nicht mehr derselbe sein.»

Der Dachs wußte nicht einmal, wo die Behausung des Fuchses war, geschweige denn, daß er auserwählt sei, bedeutungsvolle Geheimnisse zu erfahren. Auch war ihm der Fuchs immer noch nicht ganz geheuer.

Der Biber, der von den Stimmen aus seinem Bau gelockt worden war, fürchtete sich ebenfalls über alle Maßen vor dem «bösen Blick» des Fuchses, und die Erkenntnis, daß der Dachs ein Schüler dieses Fuchses war, versetzte ihn in Panik.

An diesem Abend klopfte der Fuchs an die Behausung des Dachses. «Nun», sagte er, «wieviel hat dir der Biber gegeben?»

«Er hat mir fünfmal soviel gegeben, wie ich ihm geliehen habe und was er zuvor abgestritten hat», sagte der Dachs, und die Verblüffung darüber war ihm immer noch anzumerken.

«Nun», sagte der Fuchs, «denke immer daran, daß es viele Dinge gibt, von denen man glaubt, sie würden durch die Kraft des Guten arbeiten, die aber in Wirklichkeit auf bösen Dingen ruhen. Genauso gibt es viele Dinge, von denen man glaubt, sie tragen die Kraft des Bösen in sich, aber in Wirklichkeit sind sie manchmal das Gute. Ein Bösewicht wie der Biber würde nicht auf die Ermahnungen eines Braven hören; wenn man aber die vermeintliche Bedrohung ins Spiel bringt, die von jemandem ausgeht, der noch schlimmer ist als er, dann ist er dagegen machtlos. Wahr haben die Weisen gesprochen: ‹Gutes kann nicht aus Bösem kommen. Aber man muß schon sicher sein, daß etwas wirklich böse ist, bevor man schlaue Sprüche klopft.›»

Wie der Wetterhahn auf die Kirche kam

Auf einem prächtigen Bauernhof, geführt nach allen Regeln der bäuerlichen Kunst, lebte einst eine muntere Hühnerschar, die ihren Herrn alltäglich mit mehreren Dutzend Eiern verwöhnte. Chef im Ring war ein stattlicher Hahn, in weitem Umkreis der schönste, tapferste und zugleich galanteste Gockel, den man nur finden konnte. Die Hennen waren ihm in aufrichtiger Treue und Hingabe zugetan, auch wenn sie manchmal eine leichte Tendenz zur Arroganz an ihm zu kritisieren hatten. Doch wen störte das ernsthaft? Überheblichkeit, wenn wohlbegründet in Fähigkeit und verantwortlichem Handeln, ist kein allzu schwerwiegender Charakterfehler.

Dieser Hahn nun hatte zusammen mit seiner Lieblingshenne (niemand ahnte von dieser Vorliebe, denn im Verteilen seiner Gunst wägte er weise) einen Sohn, einen jungen Gockel von höchst merkwürdiger Gestalt: er besaß nur ein Bein, nur einen Flügel und ein Auge. Zu Recht könnte man sagen, daß er nur ein halbes Hähnchen war. Das wäre nun nicht weiter bemerkenswert gewesen, denn der mißgestaltete «halbe Hahn» war am Hof wohlgelitten. Zwar machten sich die anderen Hühner manchmal lustig über ihn oder verspotteten ihn wegen seiner körperlichen Halbgestalt, aber das war nicht besonders ernst gemeint und wurde durch das ansonsten harmonische Miteinander in der Hühnerschar bei weitem aufgewogen.

Dabei hätten sie allen Grund gehabt, sich mit ihm anzulegen: Trotz seiner Gestalt war der junge Hahn viel stolzer und aufgeblasener als jedes andere Tier, überheblicher sogar noch als sein

Vater, der wenigstens Grund dazu gehabt hätte. Späße auf seine Kosten hielt er für Neid, für die Rache verschmähter Zuneigung, weil er auch noch der Lieblingssohn seiner Mutter war.

Eines Tages sagte das Hähnchen zu seiner Mutter: «Mama, ich langweile mich zu Tode hier auf dem Land. Ich habe beschlossen, zum Königsschloß zu reisen und den König und die Königin zu besuchen.»

Die Mutter war entsetzt: «Mein Sohn, wer hat dir diese Grillen in den Kopf gesetzt? Denk an deinen Vater: Sein Leben lang ist er keinen Schritt von diesem Hof gewichen, und doch ist er die Zierde seines Geschlechts weit und breit. Wo findest du einen schöneren Hof als unseren? Wo einen wohlriechenderen Misthaufen? Wo gesündere und reichlichere Nahrung, einen behüteteren Stall, eine Familie, die dich mehr liebt?»

«No way», krähte der kleine halbe Hahn, der besonders stolz auf seine leidliche Beherrschung der englischen Sprache war. «Meine Brüder und Schwestern sind ein dummer und langweiliger Haufen.»

«Aber Junge», sagte die Mutter, «hast du denn noch nie in den Spiegel geschaut? Bei deiner Gestalt wirst du nicht weit kommen.»

«Kein Problem, ich werde einen guten Chirurgen finden, der mich wieder zusammenflickt. Du siehst, nichts kann mich mehr von meinem Entschluß abbringen.»

Als die Mutter merkte, daß wahrlich alle Überredungskünste nichts fruchten würden, sprach sie zu ihm: «Nun gut, dann beherzige wenigstens diese beiden Ratschläge, die ich dir als gute Mutter mit auf die Reise geben werde: Wenn du Menschen begegnest, die man Köche nennt, lauf, so schnell dich dein einziger Fuß tragen kann. Unaussprechlich das Schicksal, das dich ereilt, wenn du in ihre Hände fallen würdest. Und zum anderen: Meide alle Kirchen, die dem heiligen Petrus geweiht sind, denn dieser Heilige ist den Hähnen nicht wohlgesonnen und noch viel weniger ihrem melodischen Ruf. Jetzt geh, und möge Gott dich beschützen.»

Nachdem er sich auch noch von seinem Vater verabschiedet hatte, machte sich der kleine Hahn laut krähend auf den langen Weg.

Als er ans Ufer eines fast ausgetrockneten Bachs kam, sagte das Flüßchen zu ihm: «Kleiner Hahn, mein Freund! Die Sommerhitze hat mich so geschwächt, daß ich kaum noch die Zweige forträumen kann, die meinen Lauf behindern. Ein Umweg würde meine Kraft so erschöpfen, daß ich dabei ganz und gar verdunstete. Mit deinem kräftigen Schnabel könntest du die Äste doch forträumen. Zum Dank kannst du nicht nur deinen Durst bei mir löschen, sondern auch noch auf meine Hilfe zählen, wenn mich die Wasser des Himmels wieder zu Kräften gebracht haben.»

Hochmütig antwortete der halbe Hahn: «Ich ein Diener schmutziger, armseliger Bächlein? Laß mich zufrieden!»

«Du wirst noch eher an mich denken, als du glaubst», murmelte das Bächlein mit schwacher Stimme, während der Hahn weiter seines Weges zog.

Gleich darauf begegnete er dem Wind, der regungslos auf der Erde lag.

«Mein Freund Hahn», sagte er, «diese Welt ist so gebaut, daß wir alle einander brauchen. Wie du siehst, hat mich die Sommerhitze so zugerichtet, daß ich mich kaum noch rühren kann, ich, der die Wellen zum Schäumen bringt, die Dächer abdeckt und die Samen der Blumen verstreut, dem niemand widersteht! Der Duft der Blumen hat mich so berauscht, daß ich herumtändelte und einschlief. Und nun findest du mich auf den Tod ermattet. Hebe mich mit deinem Schnabel ein wenig hoch und fächle mir mit deinem Flügel zu. Das würde mir genügend Kraft geben, nach Hause zurückzukehren, wo mich meine Cousinen wieder zu alter Stärke aufpäppeln würden. Sie flicken gerade einige betagte Wolken, die ich zerrissen habe.»

«No Sir», sagte das Hähnchen, «zu oft haben Euer Gnaden Schabernack mit mir getrieben, haben mir den Flügel aufgebläht und mich dem Spott aller preisgegeben. Nein, Wind, für jede

Gans ist einmal Weihnachten: Tschau, auf Nimmerwiedersehen!»

Mit diesen Worten machte sich das Hähnchen wieder auf den Weg.

Schon bald kam es zu einem abgeernteten Weizenfeld. Die Bauern hatten die Stoppeln abgebrannt, Rauchsäulen stiegen auf, nur ein winziges Flämmchen züngelte noch.

Das Flämmchen sprach: «Verehrtes Halb-Hähnchen, Gott sei Dank, daß du gekommen bist. Ich verhauche hier mein Leben, weil es mir an Nahrung fehlt. Der Wind hat mich im Stich gelassen, ich weiß nicht, wo er sich herumtreibt. Bring mir nur ein paar Reiser, das wird mich wieder zu Kräften bringen.»

«Papperlapapp!» sagte das Hähnchen, «mein letztes Stündlein hat geschlagen, sollte ich jemals deiner Hilfe bedürfen. Von mir aus verlösche, mich stört's nicht!»

«Sei nicht so sicher, daß du nicht doch eines Tages meine Hilfe brauchst...» sagte das Flämmchen.

Halb-Hähnchen krähte spöttisch und würdigte das Flämmchen keines Blickes mehr.

Endlich gelangte es zur Hauptstadt. Vor der Petruskirche pflanzte es sich auf und krähte und krähte, bis es heiser war – absichtlich, um es dem Heiligen und auch seiner Mutter so richtig zu zeigen.

Als es den Palast betreten wollte, um König und Königin zu besuchen, wurde es von den Wachen verscheucht. Kein bißchen entmutigt stolzierte es durch einen Nebeneingang, wo es unentdeckt blieb, bis es in einen großen Raum gelangte. Viele weißgekleidete Menschen gingen dort geschäftig ein und aus, und als es fragte, wer denn diese Leute seien, antwortete man ihm: «Das sind die Köche des Königs.»

Auch diesmal achtete es nicht auf den Ratschlag der Mutter und stolzierte vor den Köchen auf und ab. Einer der Küchenjungen entdeckte das kleine Hähnchen, und schwups! hatte er ihm den Kragen umgedreht. Dann rief er nach heißem Wasser, um ihm die Federn abzubrühen.

«Ach Wasser, mein liebes kristallklares Wasser», schrie Halb-Hähnchen, «bitte verbrüh mich nicht, habe Mitleid!»

«Warum sollte ich, wenn ich daran denke, wie du mich behandelt hast?» sagte das Wasser zornbrodelnd und brühte das Hähnchen von Kopf bis Fuß ab, daß die Federn fast von selbst abfielen.

Dann steckte der Koch Halb-Hähnchen an den Bratspieß.

«Feuer, goldenes Feuer», schrie das Hähnchen, «zähme deine Flammen, röste mich nicht!»

«Komm näher, liebes Hähnchen, damit ich dir das Gute vergelten kann, das du für mich getan hast!» sagte das Feuer und brutzelte so kräftig drauflos, daß das Hähnchen sich von Hautfarben über Goldbraun bis Kohlrabenschwarz verfärbte.

Der Koch fluchte, packte das nunmehr ungenießbare Hähnchen am Fuß und warf es zum Fenster hinaus. Dort erwartete es der Wind.

«Wind», schrie das Hähnchen, «geliebter, verehrter Wind. Gewaltigster unter den Gewaltigen! Habe Mitleid, laß mich auf diesem Misthaufen zur Ruhe kommen!»

«Ha!» brüllte der Wind, «auf dich habe ich mich schon gefreut!» Und er begann das Hähnchen herumzuwirbeln, rollte es über Hügel und Felder, warf es wieder und wieder zu Boden, bis es platt wie eine Flunder war. Zum Schluß ließ er es auf die Kirchturmspitze segeln, wo der heilige Petrus es festnagelte.

Seither nimmt es dort seinen Posten ein, schwarz, flach und fleischlos, seiner Federn beraubt, vom Regen gepeitscht und hin und her geblasen vom Wind, dem es stets seinen Schweif hinterhertragen muß. Halb-Hähnchen war zu Wetterfähnchen geworden.

Das weiche Land

Drei Ameisen begegneten einander auf der Nase eines Menschen, der in der Sonne lag und schlief. Nach Austausch der ameisenüblichen Begrüßungsformeln sagte die erste Ameise:

«Merkwürdig, die Hügel und Täler. Den ganzen Tag suche ich nun schon nach etwas Eßbarem, habe aber einfach kein Glück gehabt.»

Die zweite Ameise sagte: «Bruder, auch ich habe kein Glück gehabt, obwohl ich alle Lücken und Spalten abgesucht habe. Vielleicht ist das hier das ‹weiche Land›, von dem man soviel erzählen hört und auf dem nichts wächst.»

Da sagte die dritte Ameise: «Wisset, Freunde, daß wir hier auf der höchsten Spitze der großen Super-Ameise stehen. Sie ist so groß und mächtig, daß wir sie nicht ermessen können, ihre Stimme so laut, daß sie uns betäuben könnte. Sie durchdringt das Universum.»

Die beiden anderen Ameisen sahen sich an, und dann begannen sie zu lachen. Da bewegte sich der Mensch, kratzte sich an der Nase und zerdrückte die drei Ameisen.

Der Bettler und die Gazelle

Es war einmal ein armer Bettler, der stets auf einem Brotofen neben der Küche eines reichen Mannes übernachtete. Eines frühen Morgens weckten ihn die Rufe eines Händlers: «Gazellen! Gazellen! Kauft meine wunderbaren Miniatur-Gazellen!»

Der Bettler sagte: «Um diese Zeit ist im Hause des reichen Mannes noch niemand erwacht. Laß ab von deinem Gelärme, bis eine etwas zivilere Stunde geschlagen hat, Bruder.»

Der Gazellenhändler, der mehrere der armen Wesen in einem Käfig auf einem Eselskarren gefangenhielt, antwortete:

«Möchtest du vielleicht eine meiner schönen Gazellen kaufen?»

«Ich besitze nur eine Handvoll Kupfermünzen», sagte der Bettler. «Und überhaupt, was sollte ich wohl mit einer Gazelle anfangen?» Mit diesen Worten kletterte er vom Ofen, um mit dem Gazellenhändler zu sprechen.

In diesem Augenblick steckte eines der kleinen Tiere seinen Kopf aus dem Käfig und sprach mit leiser Stimme zum Bettler, der Mustafa hieß: «Kauf mich, und du wirst es nicht bereuen.»

Mustafa war so erstaunt, daß er zum Gazellenhändler sagte: «Das ist alles, was ich in der Welt besitze – drei Kupfermünzen. Bekomme ich dafür die Gazelle, die gerade ihren Kopf aus dem Käfig steckt?»

«Nimm sie und sei gesegnet!» rief der Mann und ließ die Gazelle frei. «Sie frißt mir ja nur die Haare vom Kopf, ich laß sie dir deshalb für jeden Preis, den du zahlen kannst.» Dann verschloß er den Käfig wieder und machte sich auf den Weg zum nächsten Kaffeehaus.

«Nun», sagte Mustafa zur Gazelle, «was ist? Ich habe dich gekauft, und nun habe ich kein Geld mehr, bis ich auf den Stufen der Moschee zum Mittagsgebet wieder etwas erbetteln kann.»

«Du wirst es nicht bereuen, mich erworben zu haben», sagte die Gazelle, «denn ich werde dir Glück bringen.»

«Und wie soll das zugehen», rief Mustafa, «und was soll ich jetzt tun?»

«Nichts, warte einfach hier, bis ich zurückkomme», sagte die Gazelle und eilte von dannen.

Der zerlumpte Bettler kratzte sich am Kopf. Wahrscheinlich würde er das verflixte Tier nie wiedersehen, dachte er. Wie konnte er nur so verblendet sein, drei Kupfermünzen für eine sprechende Gazelle zu geben? Vielleicht war das Wesen verhext und würde ihm nur Unglück bringen. Grübelnd setzte er sich wieder auf den Ofen und wartete auf das Erwachen der Dienerschaft des reichen Mannes, in der Hoffnung, daß vielleicht etwas Eßbares für ihn abfallen würde.

Währenddessen lief die Gazelle weiter, bis sie am Zelt eines noblen Scheichs angelangte. Sie verbeugte sich vor ihm und sagte: «O Scheich der Tausend Zelte! Ich bin der Sklave eines großen und edlen Kaufmannes. Seine Karawane ist soeben von Räubern überfallen und geplündert worden. Wärt Ihr so freundlich, etwas Kleidung zu schicken, damit er nicht völlig nackt vor Euch steht, wenn er Euch einen Besuch abstattet?»

«Gewiß, gute Gazelle», sagte der Scheich, «meine Diener werden dir ein weißes Leinenhemd und ein Gewand aus feinstem Kamelhaar geben, damit du diese Dinge deinem Herrn bringst. Und wenn er sich von seinem Schrecken erholt hat, möge er hierher in meine Zeltstadt kommen, auf daß ich ihm zu Ehren ein Schaf braten lasse.»

Die Gazelle dankte dem Scheich und sagte: «Ich hatte den Auftrag, Euch diesen Smaragd als Lohn für die Kleidung, die Ihr schickt, zu überreichen, da mein Herr nicht wünscht, Eure Freundlichkeit ohne Gegenleistung in Anspruch zu nehmen.» Daraufhin legte die Gazelle dem Scheich einen makellosen Smaragd zu Füßen und hüpfte mit den Kleidern auf ihrem Rücken davon.

Der Scheich war hocherfreut über dieses wertvolle Geschenk und entschloß sich, dem Mann, sollte er erscheinen, seine Tochter zur Frau zu geben, denn ganz offensichtlich handelte es sich um eine bedeutende Persönlichkeit.

Die Gazelle kehrte zu Mustafa zurück und sagte: «Schau, ich habe dir Kleider von einem wohlhabenden Scheich gebracht. Wirf deine Lumpen fort, bade im Fluß, und hülle dich in diese schönen Gewänder.»

Der Bettler war erstaunt und sagte: «Wie in aller Welt ist dir das gelungen? Noch nie in meinem Leben habe ich solch schöne Kleider gesehen.»

«Tue, was ich dir gesagt habe», sagte die Gazelle, «dann werde ich dir obendrein eine vermögende Frau verschaffen. Hast du mir nicht die Freiheit wiedergegeben, indem du mich dem Mann abgekauft hast, der mich in einen Käfig sperrte?»

Nun, die Gewänder verwandelten den Bettler in einen Mann, der sich nicht schämen müßte, sich am Hofe eines Königs zu präsentieren.

«Folge mir nun», sagte die Gazelle und trippelte auf ein verfallenes Gebäude zu. «Schau unter dem dritten Ziegel auf der linken Seite nach, du wirst dort einen Schatz finden.»

«Was für ein Glück!» rief der Bettler. «Für den Rest meines Lebens wird es mir an nichts fehlen.»

«Nicht, wenn du in die Familie des Scheichs der Tausend Zelte einheiratest», sagte die Gazelle. «Kauf dir ein Pferd und Stiefel, und alsbald werden wir uns auf den Weg zur Oase des Scheichs machen.»

Eine Stunde später folgte Mustafa der Gazelle auf einem schönen weißen Pferd. Schnell wie der Wind lief sie vor ihm her. Bald erreichten sie eine Senke in den Sanddünen, und in der Ferne konnte man die schwarzen Zelte unter Palmbäumen erkennen.

«Warte hier», sagte die Gazelle, «bis ich dich hole; und denke daran, daß du jetzt der Scheich Abu Sakat bist, ein reicher Kaufmann, dessen Karawane von Dieben und Plünderern ausgeraubt worden ist.»

«Ich verstehe», sagte Mustafa. «Ich werde hierbleiben, bis du zurückkehrst.»

Die Gazelle lief hinunter in das Tal zur Oase, präsentierte sich stracks dem Scheich der Tausend Zelte, ließ einen makellosen, unschätzbar wertvollen Rubin vor seine Füße fallen und sagte: «Mein Herr, der edle Scheich Abu Sakat, wünscht Euch Friede und Segen. Er möchte sogleich bei Euch vorsprechen, um Euch für die Gewänder zu danken, die Ihr ihm nach seinem Unglück gesandt habt. In der Zwischenzeit soll Euch dies als kleine Aufmerksamkeit dienen, die er Eurer Tochter zukommen lassen möchte, zum Zeichen seiner Hochachtung.»

«Liebste Gazelle!» rief der Scheich. «Möge dein Herr so rasch wie möglich zu mir eilen, denn ich bin begierig, ihn kennenzulernen, und von diesem Augenblick an soll er sich als mein Schwiegersohn betrachten.»

Die Gazelle kehrte zu Scheich Abu Sakat zurück und machte ihn vertraut mit allem, was der Scheich der Tausend Zelte gesagt hatte, und kurz darauf saßen der ehemalige Bettler und der ehrwürdige Scheich wie uralte Freunde zusammen beim Kaffee. Nachdem bei Anbruch der Nacht das Schaf gebraten und gegessen war, wandte sich der Scheich der Tausend Zelte dem delikaten Thema ‹Tochter› zu. «Mein Sohn», sagte er und legte seine Hand auf Scheich Abu Sakats Arm, «ich freue mich heute, daß ich meine Tochter noch niemandem zur Frau gegeben habe, bis du gekommen bist. Ich kann mir keinen besseren Bräutigam für sie vorstellen. Ich werde Vorsorge treffen, daß morgen die Hochzeitszeremonie abgehalten werden kann, dann soll sie fein herausgeputzt mit all ihren Dienern zu dir kommen.»

Diese Nachricht freute Scheich Abu Sakat sehr, und er dankte seinem Glücksstern.

Bei der Hochzeit am nächsten Tag gratulierte ihm jedes Mitglied des Stammes und häufte Geschenke für das glückliche Paar auf. Die Hochzeitsfeier dauerte zwölf Stunden lang, und schließlich wurden sie zu einem schwarzen Zelt geführt, das mit seltenen Teppichen behängt und mit Lampen aus poliertem Messing und mit Korallen eingelegt geschmückt war. Während sie schliefen, lag die Gazelle auf der Schwelle und hielt Wache.

Die Monate vergingen, und der Stamm zog zu einer anderen Oase; der Scheich der Tausend Zelte überließ deshalb bis zu seiner Rückkehr den Palast in der Wüste seiner Tochter und dem Schwiegersohn zur Wohnung. Da waren sanft plätschernde Fontänen in blaugekachelten Innenhöfen, geschnitzte hölzerne Balkone, weite Räumlichkeiten mit bemalten Pfeilern. Der Scheich Abu Sakat wurde nach und nach immer hochmütiger und vergaß völlig, was er der Gazelle zu verdanken hatte. Den ganzen Tag verbrachte er beim Spiel mit seinen Freunden.

Eines Tages besuchte die Gazelle seine Frau und sagte: «Liebe Frau, bitte meinen Herrn um eine eigenhändig zubereitete Schale Datteln und Honig, denn ich fühle mich krank und fürchte, daß ich sterben muß.»

Das Mädchen ging zu ihrem Mann und sagte: «Friede sei mit dir, mein Gemahl. Bitte gib der Gazelle eine Schale Datteln und Honig, von deiner Hand zubereitet, denn sie fühlt sich krank und fürchtet, daß sie sterben muß.»

Und der Mann antwortete: «Närrin, mach dir keine Sorgen um das Tier. Habe ich es nicht für ein paar Pfennige erworben? Achte nicht auf die Gazelle, und laß mich in Ruhe weiterspielen.»

Daraufhin kehrte das Mädchen wieder zur Gazelle zurück. Sie lag schwach und abgezehrt auf der Erde. Das Mädchen sagte: «Ich kann deinen Herrn nicht zum Kommen bewegen. Soll ich die Mixtur selbst bereiten, damit es dir besser geht?»

Die Gazelle sagte: «Nein, Herrin, ich danke dir, aber ich möchte, daß mein Herr es tut. Bitte geh noch einmal zu ihm und bitte ihn, meinen Wunsch zu erfüllen, sonst muß ich sterben.»

Da lief sie zurück zum Scheich Abu Sakat und sagte: «Komm rasch. Die Gazelle bittet dich, ihren Wunsch zu erfüllen, sonst wird sie wahrhaftig sterben, so schwach und ausgezehrt, wie sie daliegt.»

Aber auch diesmal wollte ihr Gemahl nicht tätig werden und wies sie an, zur Gazelle zurückzukehren und ihr eine Schale Milch zu geben.

Als das Mädchen zu dem Platz zurückkehrte, wo die Gazelle lag, sah sie, daß ihre Augen schon sehr stumpf waren, und als die Gazelle hörte, daß der Scheich nicht kommen würde, legte sie ihren Kopf zur Seite und starb.

In der Nacht, als der Scheich in seinem feudalen Palast im Bett lag, fragte der Mann, der ein Bettler gewesen war, seine Frau: «Was ist mit der Gazelle passiert? Du bist nicht zurückgekommen, um es mir zu sagen.»

Und sie antwortete traurig: «Sie ist gestorben, und ich bin so traurig über die Art und Weise, wie du die Bitten dieses armen Wesens mißachtet hast, daß ich mich entschlossen habe, zu den Zelten meines Vaters zurückzukehren, wenn er kommt, denn ich liebe dich nicht länger.»

«Närrische Frau!» rief der Scheich. «Geh schlafen, morgen früh wirst du die ganze Sache vergessen haben.» Nach ein paar Minuten hörte man nur noch sein Schnarchen.

Mitten in der Nacht hatte er einen Traum. Er glaubte, die Gazelle zu sehen, und sie hatte sehr traurige Augen. «Warum hast du mir keine Schale mit Datteln und Honig gebracht, als ich dich darum bat? Hast du vergessen, daß du dein ganzes Glück mir zu verdanken hast? Ich war dir dankbar, weil du meine Freiheit zurückgekauft hast; warum hast du mir keine Freundlichkeit erwiesen, als ich in Not war?»

«Ich habe meine Frau angewiesen, dir eine Schale Milch zu bringen!» rief Scheich Abu Sakat, der sich plötzlich sehr schämte.

«Das ist nicht dasselbe», sagte die Gazelle mit leiser Stimme und verschwand.

Angstvoll richtete sich Scheich Abu Sakat auf – und merkte, daß er wieder Mustafa war, der Bettler, gekleidet in Lumpen und im Schein des Mondes mit dem Rücken an den Brotofen des reichen Mannes gelehnt.

Der Mann und die Schnecke

Einst sah ein Mann eine Schnecke in einem Mauerspalt sitzen.

Er rief:

«Hallo, Schnecke!»

Ob Sie es glauben oder nicht, diese Schnecke konnte hören und sprechen, und sie sagte:

«Hallo, du da! Was bist du?»

Der Mann entgegnete: «Ich bin ein Mensch.»

«Bist du wie wir?» fragte die Schnecke.

«In mancher Hinsicht, aber es gibt vieles, was wir können und ihr nicht.»

«Sag es mir.»

«Nun, ihr zum Beispiel, habt Augen auf Stielen. Wir haben Stiele am anderen Ende, die wir Beine nennen. Daran haben wir Füße. Indem wir Beine und Füße bewegen, können wir in Null Komma nichts riesige Entfernungen zurücklegen.»

«Das hört sich recht ungewöhnlich an. Sonst noch etwas?»

«Ja, wir haben kein Gehäuse auf dem Rücken. Wir brauchen es nicht.»

«Kein Gehäuse? Ich denke, das ist möglich ... Noch etwas?»

«Wir können uns ohne Worte, ja ohne daß wir zusammen sind, mitteilen. Unsere Methode ist, etwas wie dieses Blatt zu nehmen, eine Spur darauf zu hinterlassen, die wir Schrift nennen, und es einem anderen Menschen zu schicken. Dann kann die Person, die das bekommt, mit Hilfe dessen, was wir ‹Lesen› nennen, erfahren, was der ‹Schreiber› gedacht hat.»

Die Schnecke erwiderte:

«Das dumme ist, daß du jetzt wie alle Lügner zu weit gegangen bist. Ich habe dich in die Falle gelockt, indem ich so tat, als ob ich dir glaubte, und deshalb hast du dich übernommen. Wenn ich dich jetzt weiter ansporne und meine Zweifel, wie sie allen vernunftbegabten Wesen zu eigen sind, für mich behalte, dann mache ich mich zum Komplizen deines sündhaften Geflunkers.»

Schicksal

Ein Fuchs fragte einmal eine weise Eule: «Schon lange interessiert mich, was eigentlich Schicksal bedeutet. Was kannst du mir dazu sagen?»

Die Eule antwortete trocken: «Schicksal ist Vermutung.»

«Könntest du das näher erklären?»

«Du vermutest, das alles gut läuft und so eintrifft, wie du es dir wünschst. Dann passiert das Gegenteil. Das nennst du dann Pech. Du vermutest, alles wird schieflaufen, und dann klappt es doch. Das nennst du dann Glück. Du vermutest, bestimmte Dinge werden geschehen oder nicht geschehen – dir fehlt es so sehr an Intuition, daß du nicht *weißt*, was geschehen wird. Du vermutest, daß die Zukunft unbekannt ist. Und wenn du einmal bei irgend etwas erwischt wirst, das nennst du dann Schicksal.»

In Diensten von ...

Ein Fuchs war zum Günstling am Hofe des Löwen, des Königs der Tiere, geworden. Er nutzte seine Stellung, um den Höflingen einen Spiegel vorzuhalten.

Eines Tages war der König außergewöhnlich hungrig. In jenen Tagen ernährte sich König Löwe nur gelegentlich von Fleisch, denn schließlich frißt man seine getreuen Untertanen nicht einfach auf, und so brachte man ihm ein köstlich zubereitetes Auberginen-Gericht. Er befahl, daß man ihm diese Speise fortan jeden Tag zubereiten möge.

«Ist das nicht das beste Gemüse der Welt, Freund Fuchs?» fragte der König.

«Das allerallerbeste, Eure Majestät.»

Fünf Tage später, als die Auberginen zum zehntenmal hintereinander serviert worden waren, brüllte der König: «Fort mit diesen Dingern! Ich HASSE sie!»

Der Fuchs stimmte zu: «Das gräßlichste Gemüse der Welt, Eure Majestät.»

«Aber Freund Fuchs, noch vor weniger als einer Woche sagtest du, es sei das beste Gemüse der Welt?»

«Stimmt. Aber ich bin der Diener des Königs, und nicht des Gemüses.»

Es waren einmal zwei Wanderer, der eine gut, der andere böse, die gemeinsam eine Reise unternahmen. Beide wanderten, um ihr Glück zu suchen. Der gute Mensch teilte seine Wegzehrung mit seinem Gefährten, bis nichts mehr übrig war.

Da fragte der gute Mann: «Kann ich etwas von deinem Essen haben?»

«Niemals!» sagte der andere und wurde so über alle Maßen zornig, daß er seinem unglücklichen Weggefährten beide Augen ausstach, ihm alles raubte, was er besaß, und ihn allein und hilflos in der Wildnis zurückließ.

Der geblendete Mann hörte einige Vögel singen und beschloß, vorsichtig tastend den Baum zu erklettern, in dessen obersten Zweigen sie sich befanden. Er wollte sich so, zumindest bis zum nächsten Morgen, wenn er vielleicht einen Weg finden würde, seine Reise fortzusetzen, vor wilden Raubtieren schützen.

Und seltsam: Er entdeckte, daß er die Sprache der Vögel verstehen konnte. Er belauschte ihre Gespräche und erfuhr dabei, daß jeder Blinde, der seine Augen in den Tautropfen dieses Ortes badete, sein Augenlicht wiedergewinnen würde. Darüber hinaus sagten die Vögel, daß die Tochter eines gewissen Königs krank sei, aber mit Hilfe einer bestimmten Blüte, die in der Nähe wachse, wieder geheilt werden könne. Die gleiche Blüte habe die Kraft, Quellen zu entdecken und Gärten wieder fruchtbar zu machen.

Augenblicklich wusch der blinde Mann seine Augen mit dem Tau und konnte wieder sehen. Dann pflückte er die Pflanze. Er machte sich auf den Weg zu dem Ort, wo die Prinzessin auf dem Krankenlager lag, und heilte die Prinzessin, nachdem man ihm Einlaß gewährt hatte. Als er den Garten des Königs zum Blühen brachte und dringend nötiges Wasser fand, erhielt er als Belohnung die Prinzessin zur Frau.

Fortan lebte er in Glück und Frieden, bis der Bösewicht, der ihn geblendet hatte, wieder auftauchte, nachdem er von der unerklärlichen Gunst des Schicksals für den Guten gehört hatte. Der Übeltäter fragte ihn, wie er in solch glückliche und gedeihliche Umstände geraten konnte.

«Nun, es war eigentlich ganz einfach», sagte der ehrliche Mensch, denn Böswilligkeit und nachtragendes Wesen waren ihm fremd. «Alles, was ich getan habe, war, einen bestimmten Baum zu erklettern; was ich zu tun hatte, hörte ich von Vögeln, denn plötzlich konnte ich ihre Sprache verstehen.»

Der böse Mann eilte daraufhin zu dem Ort, wo er seinen Gefährten geblendet hatte, und wartete. Schon bald kamen die Vögel an und setzten sich auf den Baumwipfel. Auch er merkte, daß er die Sprache der Vögel verstehen konnte. Sie sagten:

«Jemand hat unser Gespräch belauscht, denn die Königstochter ist wieder gesund, die Gärten blühen, und Wasser wurde gefunden!»

Sie sahen sich um, ob nicht ein Zuhörer in der Nähe wäre, entdeckten den schlechten Menschen, flogen hernieder – und hackten ihm die Augen aus.

Alles läuft wunderbar

Rina, der ängstliche Wolf, war in Panik. Denn der Wolfskönig blies zur Jagd auf Büffel, und Rina sollte die große Gunst erhalten, ihn begleiten zu dürfen. Ehrenvolle Einladung: Unmöglich, sich zu verweigern.

Als er nach der Jagd wieder zu seiner Familie zurückkehrte, fragte seine Frau: «Na, Rina, wie ist es gelaufen?»

«Wunderbar.»

«Wie viele Büffel habt ihr getötet?»

«Keinen.»

«Wie viele habt ihr gehetzt?»

«Keinen.»

«Wie viele habt ihr gesehen?»

«Keinen.»

«Wie konnte es dann ‹wunderbar› laufen?»

«Wenn man Büffel jagt, ist ‹keiner› mehr als genug», sagte Rina und legte sich schlafen.

Glück gehabt, Mond!

Ein Fuchs kam gerade an einem stillen Teich vorbei, als er einem Impuls folgend hineinschaute. Es war Nacht, und als er in das Waser blickte, sah er die Reflexion des Mondes im Wasser.

«Ich muß den Mond retten!» dachte der Fuchs, «sonst wird er nie wieder abnehmen und uns Füchsen mit seinem Licht die Jagd versalzen.»

Er steckte seinen Schwanz ins Wasser und rief hinab: «Halt fest, die Rettung naht!»

Der Schwanz klemmte sich in einen Felsbrocken im Teich fest, und der Fuchs zog und zog, so fest er nur konnte. Plötzlich rollte der Felsen zur Seite, und mit einem großen Satz schnellte der Fuchs vorwärts und fiel auf den Rücken. Als er nach Luft schnappend dalag, sah er den Mond hoch am Himmel stehen, still und leuchtend seine Bahn ziehen.

«Stets zu Diensten», sagte der Fuchs. «Dein Glück, daß ich gerade vorbeikam, nicht wahr?»

Die Schuldfrage

Herr und Frau Eichhörnchen kamen eines Tages nach Hause und entdeckten, daß man ihre gesamten Wintervorräte geraubt hatte. Alles, was nicht niet- und nagelfest gewesen war, fehlte.

«Das ist alles deine Schuld», schrie Frau Eichhörnchen ihren Mann an, «weil du versäumt hast, darauf zu achten, daß das Haus zugesperrt ist, bevor wir gegangen sind!»

Die Nachbarn stimmten ein:

«Du hast die Fenster nicht verriegelt», sagte einer.

«Warum hast du keine Vorsichtsmaßnahmen getroffen?» fragte ein anderer.

«Das Schloß ist schon alt, warum hast du kein neues besorgt?» sagte ein dritter.

«Einen Augenblick», sagte Herr Eichhorn, «– sicherlich bin ich doch nicht allein schuld, oder?»

«Wer denn sonst?» schrien alle gleichzeitig.

«Was ist mit den Dieben?» fragte Herr Eichhorn.

Der Esel im Pantherfell

Es war einmal ein Esel, der einem Wäscher gehörte und vom Tragen der schweren Wäschelasten erschöpft war. Sein Besitzer wollte ihm Erholung gönnen, hüllte ihn deshalb in ein Pantherfell, um ihn zu wärmen, und führte ihn auf die Weide eines anderen Esels, damit er sich dort stärken könne.

Der Esel konnte so viel fressen, wie er wollte, denn die Menschen hielten ihn für einen Panther und jagten ihn deshalb nicht fort. So kam er wieder etwas zu Kräften.

Ein Bauer, der das Pantherfell erblickte, erschrak sehr und schlich sich in seinen grauen Umhang gehüllt davon.

Der Esel jedoch, der in der Ferne erblickte, was er für einen weiblichen Esel hielt, lief ihm nach. Der Mann rannte immer schneller. Der Esel hielt es für das beste, seinen Liebesruf erschallen zu lassen, für den Fall, daß ihn sein Schätzchen mit einem Panther verwechselt hätte.

Als der Mann das Geschrei des Esels hörte, erkannte er ihn, zückte seinen Bogen und tötete ihn auf der Stelle.

Er hat mit mir gesprochen

Eine kleine Ameise kehrte von einer langen Reise in die Hauptstadt des Königreichs der Tiere zu ihrem Bau zurück. Alle Ameisen scharten sich um sie, um von ihren Abenteuern zu hören.

«Ich werde mich kurz fassen», sagte die Weitgereiste, «und meine Ausführungen bei dieser Gelegenheit schlicht auf folgende Feststellung beschränken: Der größte Augenblick meiner Reise war gekommen, als der König selbst zu mir sprach.»

Überwältigt von soviel Glück und hocherfreut, einige Strahlen des königlichen Glanzes in ihrem entlegenen Winkel spüren zu dürfen, zerstreuten sich die Ameisen wieder und diskutierten das wundersame Geschehen.

Eine Ameise von etwas einfachem Gemüt blieb zurück und fragte:

«Was hat Ihre Majestät, der Löwe, denn gesagt?»

«Ich stand gerade am Palasttor, als er herauskam und mit lauter, für jedermann vernehmbarer Stimme sagte: ‹Aus dem Weg, du Wanze!›»

Die einfache Ameise war's zufrieden. Mit ihren eigenen Ohren hatte sie nun Worte gehört, die tatsächlich von einem König gesprochen worden waren.

Die Strategie regulierter Verluste

Eine große Vielfalt von Tieren lebte einst in einem wunderschönen Wald, der von vielen bunten Wiesen umgeben war. Die blutigen Mordzüge eines grimmigen und hungrigen Löwen machten jedoch immer wieder den Frieden zunichte.

Schließlich hielten die überlebenden Tiere eine Versammlung ab, um zu beraten, wie sie sich organisieren könnten. Sie sandten eine Delegation aus, die sich eines Morgens vorsichtig mit ihrem Verhandlungsangebot dem Löwen näherte.

«O Löwe», sprach die Wortführerin der Tiere, eine ältere und distinguierte Gazelle, «Euer Appetit auf Fleisch bringt Chaos in unser Leben. Wir zittern bei dem Gedanken an Euren Rachen und Eure Klauen an unserer Kehle. Wir können nicht länger in dieser ständigen Angst leben, und aus diesem Grund möchten wir Euch das Alternativkonzept einer Strategie regulierter Verluste vorstellen. Jede unserer Familien wird eines ihrer Mitglieder als Opfergabe zur Verfügung stellen, und täglich werden wir einen Kandidaten für Eure Mahlzeit auslosen. Dieses Verfahren ist nicht nur für Euch sehr zeitsparend in Hinblick auf Pirsch und Fang der Beute, für uns würde es die Wiederherstellung einer zumindest oberflächlichen Ordnung bedeuten. Natürlich, einige von uns wird es treffen, aber die anderen können so halbwegs ungestört ein geregeltes Leben leben. Kurz und gut, wir erklären uns bereit, Euch jeden Tag von unserem eigenen Fleisch und Blut zu speisen.»

«Ich habe nichts gegen diesen Plan einzuwenden», sprach der Löwe, «aber woher soll ich wissen, ob ich euch trauen kann?»

«Eine gute Frage, Eure Mächtigkeit, eine gute Frage», erwiderte die Gazelle. «Aber in dieser Phase der Verhandlungen ist es nicht erforderlich, daß Ihr uns vertraut. Alles, was Ihr tut, ist, daß Ihr uns Zeit einräumt für einen Test: Wenn wir nicht wie versprochen liefern, könnt Ihr uns wieder nach der alten Willkürauslesemethode töten. Ihr habt wirklich nichts zu verlieren, o Mächtiger.»

«Hmmm», sprach der Löwe. «Einverstanden, wir werden ab heute nachmittag eure Strategie regulierter Verluste ausprobieren. Liefert mir jemanden zum Essen gegen vier Uhr. Wenn es klappt, um so besser; aber wenn es nicht funktioniert, seid gewarnt: Ich werde dann mit einer fürchterlichen Wut über euch herfallen und ein Blutbad anrichten von einem Ausmaß, wie ihr es noch nie erlebt habt.»

So geschah es, daß der Löwe über viele Wochen ganz prächtig mit dieser Einrichtung lebte, die unter der Bezeichnung SRV-Lotterie bekannt wurde. Natürlich betrübte die anderen Tiere der persönliche Verlust einzelner Familienmitglieder, die geopfert wurden; aber sie fühlten sich machtlos, ihre Lage zu ändern.

Eines Tages zog ein gewisser Hase das tödliche Los. Es hatte sich mittlerweile so eingespielt, dem Opfer eine gewisse Zeit der Ruhe und Meditation einzuräumen, damit es sich sammeln konnte, bevor man es zum Löwen eskortierte. Nachdem sich der Hase von seinen weinenden und zahlreichen Verwandten und guten Freunden verabschiedet hatte, zog er sich eine gute Stunde lang zurück. Dann richtete er folgende Worte an die ausführenden Beamten der Lotterie:

«Ich habe noch eine unbedeutende letzte Bitte an euch, deren Erfüllung in keiner Weise irgend jemand in Gefahr bringen wird. Bitte verzögert meine Auslieferung an den Löwen um eine Stunde, vielleicht auch noch länger, damit er richtig hungrig und unruhig wird, wo sein Essen bleibt. Dann gestattet mir, mich ihm allein zu nähern, denn ich habe einen Plan, der uns ein für allemal aus den Klauen dieses Tyrannen befreien könnte.»

«Da du so oder so sterben wirst», sprach ein riesiger alter Eber, nachdem er mit den anderen ausführenden Beamten Rücksprache genommen hatte, «sehen wir keinen Grund, dir deine Bitte abzuschlagen. Ich kann dir jedoch nicht verheimlichen, daß wir höchst amüsiert sind von der Vorstellung, daß ein Langohr und Hasenfuß sich einbildet, dem alten Todesrachen persönlich gewachsen zu sein. Aber, nichts für ungut, ein Versuch kann nichts schaden – viel Glück dann, mein Sohn!»

Der Hase nahm sich wahrhaftig so viel Zeit, daß er mit großer Verspätung eintraf. Als er endlich die Höhle des Löwen erreicht hatte, rief er leise und demütig. «O Herr Löwe ... Herr Löwe ... Wo seid Ihr denn, mein Herr?»

«Hier bin ich, du Trottel», antwortete der Löwe und stürzte hinter einem Baum hervor. «Wer zum Teufel bist du denn? Und was soll diese unerträgliche Verspätung bedeuten? Wo bleibt mein Essen?»

«Es ist gestohlen worden, mein Herr, von einem anderen Löwen. Ich habe versucht, ihn davon abzuhalten, aber ...»

«Was?» brüllte der Löwe. «Von einem anderen Löwen gestohlen?»

«Ja, mein Herr. Ich war als Begleiter mit meinem Vetter für die Vier-Uhr-Lieferung unterwegs, als wir von einem wenig umgänglichen Vertreter Eurer Gattung angegriffen wurden, der sich sofort meinen Vetter schnappte.

‹Haltet ein, haltet ein›, rief ich. ‹Das könnt Ihr nicht tun. Ihr nehmt das Essen für den Löwen, dem dieses Territorium gehört.›

‹Hah›, antwortete er höchst arrogant. ‹Und wer sollte mich daran hindern, du kleiner schlappohriger Stummelschwanz?›

‹Ich werde Euch dem Löwen melden müssen. Er wartet bestimmt schon auf sein Essen, das Ihr gerade gestohlen habt›, sagte ich. ‹Ich bezweifle sehr, daß er über Eure Wilderei sehr erfreut sein wird.›

‹Ach ja, dein mächtiger Gebieter›, spricht er. ‹Ich habe schon von ihm gehört. Sitzt den ganzen Tag rum und läßt sich das Essen ins Haus liefern. Das muß ja ein ganz fürchterlicher Kerl von einem Löwen sein! Du kannst ihm von mir ausrichten, daß die Beute dem Jäger gehört. Wenn er diesen Leckerbissen zurückhaben will, soll er kommen und ihn sich bei mir holen, falls er sich traut. Hah! Und bis dahin, sag ihm, ich werde mir in diesem Gebiet nehmen, was ich will und wann ich will. Er kann die

Reste fressen, falls noch etwas übrigbleiben sollte, und damit wäre er noch gut bedient.›

Und so rannte er zum Wald, mit meinem Vetter in seinem Rachen.»

«Wo ist er?» spuckte der Löwe, steif vor Wut. Dann ging ein Zucken und Beben durch seine gewaltige Rückenmuskulatur. «Wo ist dieser Schmutzlappen von einem Eindringling, der sich an meinem Essen vergreift?»

«Ich bin ihm gefolgt, mein Herr. Ich kenne sein Versteck. Aber ich denke, es könnte gefährlich sein, sich ihm gerade jetzt zu nähern.»

«Was?» brüllte der Löwe. «Gefährlich, sagst du? Ich werde diesem räudigen Amateur eine Lektion erteilen, die er nicht vergessen wird. Gefährlich? Grrr! Hör gut zu, du blöde Zitternase: Du führst mich zu ihm, und zwar sofort! Oder ich breche dir so schnell das Rückgrat, daß du nicht weißt, was dir passiert. Und nun los, setz dich in Bewegung!»

«Ja, mein Herr», sagte der Hase mit gespieltem Entsetzen. «Wenn Ihr darauf besteht, mein Herr.»

«Und ob!» brüllte der Löwe so laut, daß es den Hasen glatt umwarf.

Der Hase hoppelte hastig voraus in den Wald. Nach und nach führte er den Löwen zu einer tiefen Grube, von der er wußte, daß sie zum Teil mit Wasser gefüllt war. Gebüsch und hohes Gras verdeckten den Rand der Grube. Der Hase hielt an und flüsterte dem Löwen zu: «Bitte, mein Herr, ich habe Angst, weiter allein vorzugehen. Der andere Löwe hält sich da unten in dem Loch versteckt. Laßt mich ganz dicht bei Euch sein, und ich werde ihn Euch zeigen.»

Der nickte seine Zustimmung, und die beiden schlichen gemeinsam zum Rand der Grube. Und als sie fast das dichte Grün durchquert hatten, sprach der Hase eindringlich: «Da, da unten, mein Herr! Das ist er, und das ist mein Vetter!»

Der Löwe erhob sich und ließ ein donnerndes Schlachtgebrüll los. Der Widerhall prasselte ihm von der anderen Seite der

Grube entgegen. Noch im gleichen Augenblick drückte sich der Hase zwischen die Vorderläufe des Löwen, und als der Löwe in die Grube hinabblickte, sah er natürlich einen anderen Löwen über einem Hasen stehen – seinem Hasen!

Seine ganze Kraft legte er in den Sprung zum Angriff. Der Hase preßte sich ganz dicht an den Boden, und der Löwe schoß über ihn hinweg, hing in der Luft und landete mit einem großartigen Platscher unten in der Grube.

Der Löwe mußte nicht lange mit dem Ertrinken kämpfen. Jedesmal, wenn er laut den Hasen für seine Niedertracht verfluchte, drängte sich mehr Wasser in seine Lungen. Und bald sprudelte und würgte er sein Leben aus. Nach einer Weile hoppelte der Hase heim, um den anderen Tieren die gute Nachricht zu bringen.

Jetzt weiss ich!

Ein durstiger Dachs entdeckte am Wegesrand ein Wasserrohr, das mit einem Korken verstopft war. Mit seinen scharfen Zähnen zog und zerrte er an dem Korken, bis er schließlich mit einem lauten Plopp! herausrutschte. Das Wasser rauschte mit einem solchen Druck heraus, daß der Dachs sich mehrmals nach rückwärts überschlug und tropfnaß im Feld landete.

«Aha!» brüllte er. «Deshalb haben sie dich also zugestopft, nicht wahr? Bist wohl immer noch nicht zur Vernunft gekommen?»

Eine Motte flatterte vor einem Fenster auf und ab, weil sie in dem Raum dahinter Licht gesehen hatte.

Da sagte eine Spinne zu ihr:

«Wann lernt ihr Motten endlich, daß Flammen heiß und zerstörerisch sind? Du ärgerst dich, daß die Glasscheibe da ist. Aber das Glas bewahrt dich vor dem Verderben.»

Die Motte lachte. «Alte», entgegnete sie, «darauf gibt es zwei Antworten. Erstens: Du bist ein Insektenfresser, und dein Rat für Insekten kann von ihnen, wie wahr er auch sein mag, nie angenommen werden.

Zweitens: Wir Motten der heutigen Generation wissen mehr, als du denkst. Ich weiß zufällig, daß dieses wundervolle Licht in dem Zimmer kaltes Licht ist. Seit deiner Zeit hat es nämlich wissenschaftliche Entwicklungen gegeben.

Ich will jetzt durch diese Ritze schlüpfen und das Licht liebkosen.»

Mit diesen Worten zwängte sich die Motte in den Raum.

Niemand war da, um sie aufzuhalten. Keine Spinne hatte ein Netz gesponnen, das ein Hindernis hätte sein können.

Die Motte umflatterte das kalte Licht in einem ekstatischen Tanz.

Aber es hatten tatsächlich wissenschaftliche Entwicklungen stattgefunden.

Das Licht war durch eine Schicht Insektenvertilgungsmittel geschützt.

Eines Tages verirrte sich eine Ameise auf ein Stück Papier; sie bemerkte dort, wie eine Feder säuberlich schwarze Linien zog.

«Oh, wie wunderschön!» sagte die Ameise. «Dieser bemerkenswerte, mit Leben erfüllte Gegenstand bringt auf dieser wunderbar glatten Fläche Girlanden und Schnörkel hervor, mit solcher Ausdauer und Kraft, daß er alle Anstrengungen aller Ameisen der Welt übertrifft. Welch wundersames Wirken! Die Schnörkel gleichen Ameisen: wie Millionen von Ameisen, die alle gleichzeitig rennen.»

Die Ameise berichtete ihren Brüdern und Schwestern von ihrer Entdeckung, und viele von ihnen zeigten großes Interesse. Und einige lobten gar ihre Beobachtungsgabe und ihr analytisches Verständnis.

Nach kurzer Zeit jedoch tauchte eine zweite Ameise auf und sagte: «Auf der Basis eurer Anstrengungen – zugegeben – habe ich weitere Beobachtungen angestellt. Ich habe diesen Gegenstand, der Schnörkel produziert, untersucht und festgestellt, daß er nicht der eigentliche Meister dieses Werkes ist. Ihr habt übersehen, daß dieses Ding – nennen wir es einmal ‹Feder› – zu anderen Dingen gehört, die sie halten und führen. Sie ist nur ausführendes Organ. Die anderen Dinge sollten als die eigentliche treibende Kraft betrachtet werden, ihnen gebührt die Anerkennung.»

Und so entdeckten die Ameisen die Finger.

Jahre gingen ins Land. Eines Tages kletterte eine Ameise über die Finger hinaus und machte wieder eine Entdeckung. Ganz nach Art der Ameisen krabbelte sie auf der Hand herum, erforschte sie gründlich und kehrte dann mit einer großartigen Nachricht, mit einem Durchbruch in den Ameisenwissenschaften, nach Hause zurück: «Ameisen! Die ‹Finger› sind Teil eines größeren Gegenstandes, der sie in Bewegung setzt!»

Auch diesen Meilenstein in der Geschichte ließen die Ameisen hinter sich: Sie entdeckten im Laufe von Jahrhunderten zuerst den Arm, der die Hand führt, den Körper, der den Arm führt, die Füße und andere Teile des Körpers, die scheinbar – so der Stand der Ameisenforschung – zu gar nichts nütze sind.

Die Untersuchungen sind bis heute nicht beendet. Inzwischen gibt es gesicherte Erkenntnisse, was die Mechanik der Schnörkelproduktion betrifft bzw. des ‹Schreibens›, wie es einige Ameisenlexika nennen.

Allerdings werden sie mit ihrer Untersuchungsmethode niemals den Sinn und die Bedeutung der Schnörkel begreifen. Wie tröstlich ist es, ein Mensch zu sein und keine Ameise.

Ameisenforschung

Ein Wissenschaftler brachte sein Leben lang mit Experimenten zu, bis er mit einer Ameise in Kommunikation treten konnte. Diejenige, die er schließlich dazu fand, war ein sehr weises und sehr altes Insekt. Doch der Gelehrte sagte, auch auf die Gefahr hin, sie zu verletzen:

«Unsere Spezies ist eurer unermeßlich überlegen. Wir erforschen euch, und ihr habt noch nicht einmal begonnen, uns zu bemerken.» Die Ameise entgegnete: «Wenn du armer Mensch nur von Gestern wüßtest, würdest du Heute verstehen – und auch auf Morgen vorbereitet sein.»

Der Gelehrte mußte der Ameise eingestehen, daß ihn solche Äußerungen verwirrten, und sie fuhr fort:

«Vor Millionen von Jahren fanden wir Ameisen heraus, was sich auf dieser Erde zutragen würde. Wir wußten, daß eure Spezies kommen und nahezu alles zerstören würde. Also taten wir das einzige, was intelligenten Wesen mit vollständigem Wissen übrigblieb: Wir vernichteten die Unterlagen darüber, verboten die Aufzucht von Ameisen, die Bescheid wüßten, und organisierten uns in besonderen Kolonien.

Hin und wieder haben wir eine Rückartung – eine Ameise, die unser elendes und unumgängliches Schicksal erkennen kann. Aber unzählige Scharen ahnungsloser Ameisen sind glücklich – und werden es bleiben, bis unsere Zeit gekommen ist.

Das ist die Lösung für die Ameisen. Ihr Menschen aber habt noch nicht einmal das Stadium erreicht, wo ihr wißt, was euch widerfahren kann, und ob es etwas gibt oder nicht, was ihr dagegen zu tun vermögt.»

Der Weiseste Tiger

Ein Wissenschaftler verbrachte Jahre seines Lebens damit, die Sprache der Tiger zu erlernen. Dann stellte er sorgfältige Nachforschungen an, um den Weisesten Tiger zu finden, denn die, mit denen er gesprochen hatte, waren seiner Meinung nach alle nicht besonders klug gewesen.

Als er es geschafft hatte, den Weisesten Tiger zu treffen, beschloß er, diesem ein paar Fragen zu stellen.

«Was ist Schlamm?» fragte er.

«Schlamm», antwortete der Weiseste Tiger, «überzieht deine Füße und kitzelt, wenn er trocken wird.»

«Und was geschieht in den Büschen?»

«Wir benutzen sie als Versteck, manchmal kommen sie auch mit unseren Schnurrhaaren ins Gehege.»

«Was ist der größte Mangel des Menschen?»

«Daß er keine Klauen hat.»

Der Mann kam zu dem Ergebnis, daß Tiger uninteressant seien, und zog ziemlich geknickt seines Weges.

Kurz darauf trat der Gepard an den Tiger heran. «Was war das für ein Mann, der mit dir gesprochen hat?» erkundigte er sich.

«Oh, nur irgend so ein dummer Kerl», sagte der Weiseste Tiger. «Er hat solch belangloses Zeug geredet, daß ich ihn wie einen Einfaltspinsel behandelt habe.»

Der Reiher und die Krabbe

Ein Reiher lebte einst in einem freundlichen See inmitten sanfter Hügel, die mit Kräutern und Blumen bedeckt waren. Er ernährte sich von solchen Fischen, die er fangen konnte, und viele Jahre lang hatte er reichlich. Aber mit den Jahren wurde er alt und gebrechlich und konnte sich nicht länger mit dem alten Schwung ins Wasser stürzen, so daß er sich bald gezwungen sah, in den Lüften zu suchen und sich von einer gelegentlichen Grille zu ernähren. So führte er ein elendes Hungerdasein.

Während der Reiher eines Morgens im Seichtwasser des Ufers ungemein melancholisch in der Schwebe stand, da wanderte seitlich eine riesige Süßwasserkrabbe vorbei. Sie erkundigte sich nach seinen Sorgen.

«Oh», erwiderte der Reiher, «ich bin deprimiert von einem Gespräch zwischen zwei Fischern, das ich gestern zufällig mitgehört habe. Sonst nichts.»

«Und was haben sie gesagt?» fragte die Krabbe.

«Willst du das wirklich wissen?» antwortete der Reiher. «Das ist keine erfreuliche Nachricht, und ich möchte dich eigentlich nicht damit belasten.»

«Mach dir darüber mal keine Sorgen», sagte die Krabbe. «Erzähl mir davon. Ich bin interessiert.»

«Also, ich stand da so für mich auf einem Bein herum, drüben am anderen Ende des Sees im Schilfrohr. Die Sonne brannte heiß, und ich muß wohl eingedöst sein. Jedenfalls hörte ich nicht, wie die beiden Männer sich näherten. Ihre Stimmen weckten mich auf, aber sie waren schon zu nahe herangekommen, als daß ich mich ohne Risiko hätte entfernen können. Ich stand stocksteif, getarnt im Ried, und lauschte. ‹Wenn wir einen Graben durch das linke Ufer ziehen, können wir den See trokkenlegen und die Fische einfach einsammeln›, sagte der eine. ‹In der Tat›, sagte sein Freund, ‹und es gibt eine Menge Fische hier. Aber ich glaube, ich habe eine bessere Idee. Du kennst doch den kleineren See etwas weiter höher hinter den Hügeln, ungefähr eine Meile oder so von hier? Nun, der wimmelt auch von Fischen und wäre noch leichter trockenzulegen. Wir machen zuerst den kleineren See, und später, an einem anderen Tag, nehmen wir uns diesen hier vor.›

Ich bin sicher, daß die Ernst machen», fuhr der Reiher fort, «und wenn sie zurückkommen, dann bedeutet das das Ende für die Fische und demzufolge auch mein Ende. Ohne Fische, von denen ich mich ernähren könnte, sind meine Tage gezählt. Ich bin zu alt, um noch herumzufliegen, um mir eine neue Heimat zu suchen und wieder von vorne anzufangen. So warte ich nun auf den Tag, an dem die Fischer zurückkehren, und stehe hier Auge in Auge mit der Unausweichlichkeit des Todes. Ich kann nichts tun, ich muß einfach ausharren und lernen, mein Schicksal anzunehmen.»

«Sehr interessant», sagte die Krabbe und krabbelte seitwärts ab in den See, um den Vorsitzenden der Fische aufzusuchen. Dieser hielt gerade seinen Mittagsschlaf – fast regungslos trieb er nah am Grund des Sees zwischen schwankenden Schlingpflanzen –, ein riesiger alter Karpfen, der mindestens ein Dutzend Sommer gesehen hatte und beinahe sechs Pfund wog.

«Herr Vorsitzender», sprach die Krabbe, «Herr Vorsitzender, bitte, wacht auf!»

«Blubber», sagte der Vorsitzende der Fische. Aufgeschreckt schwänzelte er hin und her, bis er die Krabbe erkannt hatte. «Worum geht es denn, verehrte Frau Krabbe?» sagte er indigniert. «Warum habt Ihr meine Siesta unterbrochen?»

«Herr Vorsitzender», antwortete sie, «es geht um die Fischer, die kommen, um den See trockenz legen. Wir haben eine Krise, und ich denke, Ihr solltet unverzüglich den Vorstand zu einer außerordentlichen Sitzung einberufen.»

Und nachdem ihm die Krabbe in allen Einzelheiten berichtet hatte, ging die Sache wie folgt weiter. Nach der Krisensitzung schwärmten die intimsten Berater des Vorsitzenden in alle Schlupfwinkel und schlammigen Verstecke aus, um eine außerordentliche Vollversammlung der Fische auszurufen. Bald stieg ein großes Geblubber auf von der Mitte des Sees, ihrer traditionellen Versammlungsstätte. Als alle fischigen Beiträge ausdebattiert und alle Meinungen gehört waren, wurde mit großer Mehrheit der Antrag angenommen, mit dem Reiher Kontakt aufzunehmen. Noch am selben Nachmittag schwammen die Fische in einer großartigen, keilförmigen Armada mit ihrem Vorsitzenden im Vorgeschwader zu den Verhandlungen mit dem alten Vogel.

«Obwohl Ihr unser natürlicher Feind seid», sprach der Vorsitzende aus sicherer Entfernung, «sehen wir uns doch genötigt, mit Euch über die große Gefahr zu beraten, die uns gemeinsam droht.»

«Aber selbstverständlich. Unbedingt», erwiderte der Reiher in einem etwas glanzlosen Tonfall. «Was kann ich für Euch tun?»

«Würdet Ihr bitte zuerst einfach diese Frage beantworten: Seid Ihr ganz sicher, daß Ihr gehört habt, wie zwei Männer davon sprachen, den gesamten See trockenzulegen?»

«Ja, ich habe es mit meinen eigenen Ohren gehört. Ich kann es bei allen Federn meines Gefieders beschwören.»

«Nun gut», sprach der Vorsitzende der Fische, «dann sitzen wir beide auf dem Trockenen. Denn wenn wir, die wir Eure Nahrung sind, sterben, sterbt auch Ihr, mein alter Vogel.»

«Ich bin mir sehr wohl des delikaten ökologischen Zusammenspiels in dieser Angelegenheit bewußt», bemerkte der Reiher gereizt. «Ich für meinen Teil habe mich mit meinem eigenen Tod abgefunden und fühle wahrhaftig bereits das unausweichliche Unheil, das ...»

«Aber können wir denn gar nichts tun, um uns zu schützen?» unterbrach der Vorsitzende der Fische.

«Nein, ich glaube nicht», sprach der Reiher. «Wir sind nicht einmal gemeinsam stark genug, zwei entschlossenen Männern Widerstand zu leisten. Es gibt nur einen Ausweg, aber ich bezweifle sehr, daß Ihr ihn in Erwägung ziehen werdet, denn es würde bedeuten, daß Ihr sozusagen Euer Schicksal in meine Hand legt.»

«Bei unserer Liebe zu diesem See, sprecht nur!» rief der Vorsitzende der Fische. «Was haben wir zu verlieren, selbst wenn der Plan fehlschlägt. Fahrt fort, denn wir haben nicht die geringste Vorstellung, was zu tun ist, und sind hierhergekommen, Euren Rat zu hören.»

Langsam rotierte der Kopf des Reihers am Ende seines langen Halses, und sorgfältig steckte er sein linkes Bein unter den Flügel. «Es gibt da einen wenig bekannten Teich nicht weit von hier», sprach er endlich, und seine kleinen pechschwarzen Augen spähten über die Spitze seines Schnabels. «Das Wasser ist kühl und klar, und der Grund ist so tief, daß Menschen ihn niemals trockenlegen könnten. Und noch wichtiger, der See ist unbewohnt, es gibt keine Fische. Mein Vorschlag wäre, ich fliege Euch hin, ein oder zwei Fische pro Einsatz, je nach Größe. Ihr könntet die Federn auf meinem Rücken mit dem Maul packen, und in meiner gegenwärtigen Verfassung schätze ich, daß ich vier bis fünf Touren am Tag machen könnte.»

«Aber wie sollen wir wissen, daß das kein Trick ist?» fragte der Vorsitzende der Fische.

«Na bitte», sagte der Reiher, «ich habe ja gesagt, Ihr würdet mir nicht trauen. Und nun können wir in aller Ruhe auf die Fischer warten! Es kann nicht mehr lange dauern; die müßten eigentlich in ein paar Monaten mit dem kleineren See fertig sein.»

«Würdet Ihr mich auf Eurem Rücken tragen, daß ich mir diesen Teich einmal ansehen kann?» fragte der Vorsitzende der Fische. «Ich könnte ein bißchen herumschwimmen und Eure Aussage verifizieren, und dann könntet Ihr mich zurückbringen, damit ich den anderen berichten kann. Außerdem, würdet Ihr einen Waffenstillstand zwischen uns für diese schwierige Übergangsperiode garantieren? Kein Fisch – bis wir uns eingelebt haben und die Dinge wieder ihren normalen Gang gehen?»

«Ich bitte Euch», antwortete der Reiher, «das ist doch ganz selbstverständlich. Würdet Ihr vielleicht jetzt gleich einen Versuchsflug unternehmen wollen?»

«Warum nicht», antwortete der Vorsitzende der Fische. «Wir haben ja noch viel Zeit bis zum Einbruch der Dunkelheit.»

So wurde man einig. Der Reiher tauchte, damit der Vorsitzende mit seinem Maul einen guten Halt im Schultergefieder finden konnte. Er tauchte auf mit dem großen Fisch, der sich an seinen Rücken schmiegte. Als die ganze Sache ausbalanciert war, flog der Reiher langsam davon. Er mußte zwar seine letzten Kraftreserven mobilisieren, aber bald hatten sie den Teich erreicht. Der Vorsitzende der Fische plumpste vom Rücken des Reihers und verbrachte eine gute Viertelstunde damit, die Örtlichkeiten zu inspizieren.

«Der Teich ist genau, wie der Reiher gesagt hat», verkündete der Vorsitzende den anderen Fischen aufgeregt nach seiner Rückkehr. «Ich bitte Euch deshalb dringend, sein Angebot anzunehmen. Laßt uns den großen Exodus beginnen! Das ist unsere einzige Hoffnung zu überleben. Ein dreifaches Hipphipphurra auf den Reiher. Hipp, hipp ...»

«Hurra!» jubelten die versammelten Fische. «Hipphipphurra!» Und selbst die alte Krabbe stimmte mit ein und schwenkte fröhlich ihre Scheren.

Am nächsten Tag flog der Reiher fünf Einsätze. Dabei transportierte er insgesamt sieben Fische, vier kleine paarweise und drei große Fische solo. Aber er flog seine schuppigen Passagiere zu einem felsigen Hügelkopf außer Sichtweite vom See, und als sie nicht länger den Atem anhalten konnten und deshalb ihren Halt im Gefieder verloren, schüttelte er sie rücksichtslos von seinem Rücken, bis sie nach Wasser ringend in der Sonne lagen. Dann tötete und verschlang er sie. Auf diese Weise füllte er sich viele Tage lang den Bauch, und bald war sein Gefieder wieder glatt und glänzend.

Doch eines Morgens erbat sich die Krabbe einen Ausflug, da sie große Sehnsucht nach einer Laichfreundin hatte, die schon vorausgeflogen war. Der Reiher hatte die Krabbe schon lange als potentielle Unruhestifterin identifiziert und willigte sogleich ein – dabei war er entschlossen, sie aus der Luft über den Felsen abzuwerfen und zu zerschmettern. Mühsam krabbelte die Krabbe auf den Rücken des Reihers, und eng umklammerte sie ihn mit Bein und Schere. Sie stiegen auf in den Himmel und ließen den See bald weit unter sich, aber nach langen Minuten konnte die Krabbe den vielbesagten See immer noch nicht entdecken.

«Mein Freund, mein Freund», rief sie gegen den Wind, der an ihr vorbeirauschte, «wie weit ist es noch bis zu dem kühlen, klaren Wasser, von dem wir so viel gehört haben?»

«Ha, ha!» schrie der Reiher über die Schulter zurück. «Du blödes Krustentier – für dich gibt es keinen Teich! Siehst du die Felsen da unten – dann kannst du auch die Schädelstätte erkennen, wo ich dich abkippe!» Und ohne Zweifel, in der Entfernung konnte die Krabbe klar Berge von Fischköpfen und Gräten erkennen, die der Reiher dort hinterlassen hatte. Dieser ging nun unvermittelt nach links, dann nach rechts in den Sturzflug, um die Krabbe abzuschütteln. Und dann spürte er auch schon, wie erst die eine, dann die zweite Schere machtvoll und zwingend seinen Hals packte – wie die Beißzangen eines Schmieds. Die Scheren schnitten so fest ein, daß der alte Reiher nach Luft rang und ihm die Tränen in die Augen traten. Frau Krabbe zog sich sachte nach vorn und schrie dem Reiher ins Ohrloch:

«Wenn ich du wäre, du schräger Vogel, dann würde ich mit diesem Unsinn aufhören und eine wunderschön weiche Landung machen, und zwar sofort. Andernfalls werde ich deinen Vogelkopf so butterweich abtrennen, wie ein Mann mit einem Jagdmesser die blaue Lotosblume köpft, und wir werden gemeinsam zugrunde gehen.»

«Hrvvck aahh krr», gurgelte der Reiher von tief unten aus seiner Kehle. «Hör auf, hör auf, du erwürgst mich! Ich seh nichts! Hör auf, um Gottes willen, damit ich landen kann!»

Frau Krabbe löste ihren Griff um vielleicht einen Millimeter: der alte Reiher machte eine superweiche Landung.

«Setz dich, du schwarzer Gauner, damit ich von dir runterkrabbeln kann», befahl die Krabbe.

«Das war doch nur ein Spaß», sprach der Reiher in höchster Pein, als er seine Beine zusammenfaltete und den Rumpf zur Erde neigte.

«Weiter so», sagte die Krabbe, und unter äußerster Anstrengung preßte sie die Scheren zusammen und schnappte ihm mit einem sauberen Schnitt den Kopf ab. Und nachdem sie sich erholt und ihre Tränen über die Gräten ihrer verflossenen Freunde vergossen hatte, schaffte die Krabbe den Weg zurück zum See und erzählte den hinterbliebenen Fischen von ihrem Abenteuer mit dem Reiher. Es braucht wohl nicht erwähnt zu werden, daß diese ihr auf vielfältigste Weise ihre Rettung dankten, aber irgendwie wurde der Vorsitzende der Fische zum Sündenbock für ihre kollektive Fehleinschätzung der Lage. Er wurde aus seinem Amt verjagt, und niemand konnte ihm verzeihen.

Der Briefpapagei

Ein Mann kreuzte einst eine Brieftaube mit einem Papagei, damit ihre Nachkommenschaft die Botschaft sprechen konnte, statt ein Stück Papier tragen zu müssen. Aber der Vogel, der das Ergebnis dieses Experiments war, brauchte Stunden für einen Flug, der normalerweise Minuten gedauert hätte.

«Was hat dich aufgehalten?» fragte der Mann.

«Nun, es war so ein schöner Tag», sagte der Vogel, «daß ich zu Fuß gegangen bin.»

Der Löwe, der sein Gesicht im Wasser sah

Es war einmal ein Löwe, der in einer ständig vom Wind durchwehten Wüste lebte; die Teiche und Flußläufe, aus denen er trank, waren niemals ruhig und glatt, denn der Wind kräuselte die Oberfläche, die deshalb niemals etwas reflektierte.

Eines Tages wanderte der Löwe in einen Wald, wo er jagte und sich vergnügte, bis er sich müde und durstig fühlte. Auf der Suche nach Wasser fand er einen Teich mit dem kühlsten, verlockendsten und stillsten Wasser, das man sich vorstellen kann. Löwen können nämlich wie andere Wildtiere auch Wasser riechen, und der Geruch dieses Wassers übertraf alles, was er bisher gerochen hatte.

Der Löwe näherte sich dem Wasser und reckte seinen Schädel, um zu saufen. Plötzlich sah er sein Spiegelbild im Wasser – und hielt es für einen anderen Löwen.

«O Mann», dachte er bei sich selbst, «das Wasser gehört wohl einem anderen Löwen – Vorsicht ist angebracht.»

Er zog sich zurück, aber der Durst trieb ihn wieder zum Wasser, und ein zweites Mal sah er den Kopf eines furchterregenden Löwen, der ihn aus dem Wasser anblickte.

Diesmal hoffte der Löwe, er könnte den ‹anderen Löwen› verscheuchen; und so riß er sein Maul auf und ließ ein gewaltiges Gebrüll erschallen. Aber kaum hatte er seine Zähne gefletscht, als der ‹andere Löwe› natürlich ebenfalls seinen Rachen aufriß, und das schien unserem Löwen ein schrecklicher und gefährlicher Anblick zu sein.

Ein ums andere Mal scheute der Löwe zurück und näherte sich dann wieder dem Teich. Und ein ums andere Mal machte er dieselbe Erfahrung.

Nach einer langen Zeit war er jedoch so durstig geworden und verzweifelt, daß er beschloß: «Löwe hin, Löwe her – ich werde jetzt von diesem Teich trinken.»

Und wahrlich, kaum hatte er sein Gesicht ins Wasser getaucht, als der ‹andere Löwe› verschwand!

Eines Tages kroch eine gewisse Bettwanze in das Bett eines reichen Mannes und seiner wunderschönen jungen Frau. In jener Nacht, als das glückliche Paar fest eingeschlafen war, krabbelte diese Bettwanze ganz vorsichtig und sanft über ihre Körper und saugte stechend kleinere Mengen Bluts, ohne sie auch nur im geringsten zu belästigen. Bald stellte sich jedoch heraus, daß das Blut der Frau ein weitaus überlegenes Aroma hatte. Innerhalb einer Woche hatte diese delikate Süße die Bettwanze völlig bezaubert und zu ihrem Gefangenen gemacht: noch niemals hatte sie auch nur Vergleichbares gekostet, und sie war fest überzeugt, jede Nacht – auf Grund irgendwelcher günstiger Umstände – sich an einem schlafenden Engel zu weiden. So ging das Leben weiter, wie es überall mit vom Glück benommenen Bettwanzen seinen Lauf nimmt, bis sie eines Tages einen gutaussehenden Floh traf. Dieser Floh hüpfte im Vorbeigehen vom Rücken einer der Hunde des reichen Mannes ins Bett.

«Ho, ho!» rief er, als er die Bettwanze in ihrem Versteck zwischen den Laken erspähte. «Ist wohl dein Revier hier, wie?»

«So ist es, in der Tat», erwiderte die Bettwanze, «und eine sehr gute Lage noch dazu! Und nun, mein Herr, was kann ich für Euch tun?»

«Na, es ist so, ich meine», begann der Floh. «Ich dachte, ich sehe mich mal um, du verstehst – ein bißchen von der Welt sehen und so 'n Zeug. Und so reise ich rum, ich meine – rumziehen und so. Und ich dachte, Schwester, jetzt, wo ich einmal hier bin, wenn du so freundlich wärst, mich für die Nacht aufzunehmen? Ich wär dir wirklich dankbar.»

«Wieso, natürlich könnt Ihr bleiben», antwortete die Bettwanze. «Wir könnten gemeinsam schmausen, wenn die Menschen sich heute nacht zum Schlafen legen. Wenn Ihr bisher am Hundefleisch gesaugt habt, wird das Blut von dem jungen Weibchen ein besonderer Leckerbissen sein. Es ist leichtes, junges Blut: süß und doch belebend – Ihr wißt schon, was ich meine.

Teuflisches Zeug, eigentlich, Ihr werdet Eure Freude daran haben.»

«Na, das ist wirklich anständig von dir, Schwester», sagte der Floh, «danke schön.»

Und so, da schnell freundschaftliche Beziehungen hergestellt waren, ließen sich die beiden Insekten im Bettzeug nieder und unterhielten sich so nett und angeregt, daß die Zeit wie im Fluge zu vergehen schien. Als Mann und Frau endlich zwischen den Bettlaken ankamen, waren der Floh und die Bettwanze ganz albern vom vielen Reden und hatten großen Hunger. Kaum hatte der Floh den exquisiten Körpergeruch der Frau gewittert – ihre feine moschusartige Ausdünstung raubte ihm die Sinne –, da begannen seine Sprungbeine krampfhaft zu zucken, und unwillkürlich machte er ein paar winzige Hopser zitternder Vorfreude.

«Schhh!» flüsterte die Bettwanze eindringlich. «Wir müssen warten, bis sie eingeschlafen sind. Schhh!»

«Ich weiß! Ich weiß!» rief der Floh zurück. «Es ist nur so, ich bin völlig ausgehungert, und sie riecht noch besser, als du gesagt hast.» Und doch gelang es ihm, sich wieder irgendwie zu beruhigen, und bald war das Paar eingeschlafen.

Wanze und Floh fielen nun nach Kräften über die delikate Gemahlin her. Aber während die Bettwanze umsichtig und behutsam herumkrabbelte und ganz unmerklich die Nadel ihres Speicrüssels in die Haut einstach, ging der Floh wie ein Berserker ans Werk: eine Serie von Bissen führte augenblicklich zu Beulen, Pusteln, so rot wie Rosen. Oh, er biß ihr in die elfenbeinglatten Schenkel, nagte an ihren Milch-und-Honig-Brüsten, nippte an ihrem Schwanenhals und knabberte an ihren lieblichen Hinterbacken. So stillte er gierig mit schmerzhaftem Zwicken und Zwacken seinen Heißhunger an ihrem Leib, daß sie aufwachte und entsetzt mit den Fingern die Beulen fühlte, die nun ihre samtene Haut verunstalteten.

«Gemahl, Gemahl», rief sie leise und gab ihrem schnarchenden Gatten einen nachdrücklichen Knuff. «Etwas hat mich gebissen! Etwas Ekelhaftes ist bei uns im Bett!»

«Was?» antwortete er schlaftrunken. «Von einem ekelhaften Bett gebissen?»

«Nein, nein», verbesserte ihn seine Gemahlin. «Ungeziefer. Wanzen. Insekten. Spinnen. Läuse. Ich weiß nicht was, aber bitte, zünde schnell eine Kerze an. Ich kann dieses Elend nicht länger ertragen.»

Pflichtgemäß zündete er die Kerze an und rief das Kammermädchen zur Hilfe. Und wenige Augenblicke später rissen sie zu dritt die Bettlaken zurück und inspizierten sorgfältig das Bett. Beim ersten Lichtschimmer machte der Floh vier mächtige Sätze und entkam quer durch den Raum, ohne gesehen zu werden. Aber die Bettwanze – ah, die Bettwanze, die war zu langsam und wurde schmollend in einer Falte der Laken entdeckt.

«Aha», rief der Gemahl aus und pflückte sie mit zwei Fingern aus der Falte. «Hier ist der Bösewicht, meine Liebe!» sagte er und hielt seiner Gemahlin die arme, jämmerliche Bettwanze unter die Nase.

«Oh! Oh!» schrie sie entsetzt auf und brach ganz überraschend in Tränen aus. Ihr Gemahl übergab die Bettwanze dem Kammermädchen und widmete sich tröstend seiner Gemahlin.

«Na, schau», sagte er zärtlich und wiegte sie in seinen Armen. «Es ist ja gut jetzt. Es ist alles vorbei, meine Liebe.»

Und unterdessen hörte keiner der Menschen die erbärmlichen Unschuldsbeteuerungen der Bettwanze. «Oh, oh, oh, – das war der Floh. Oh, oh, oh, – das war der Floh», zeterte sie hilflos zwischen den beiden Fingern des Kammermädchens. Aber das Geschrei nützte ihr nichts, und sehr bald wuchs der Druck der scharfen Fingernägel auf beide Seiten ihres prallen kleinen Panzers, bis dieser auf so unansehnliche Weise aufknackte, daß es geschmacklos wäre, dies näher zu beschreiben.

Ein Mann kaufte einst einen Papagei und brachte ihn nach Hause. «Bunter Vogel, ich werde dir jetzt das Sprechen beibringen», sagte er.

«Gib dir keine Mühe», sagte der Papagei, «das kann ich schon längst.»

Der Mann war so überrascht, daß er mit dem Papagei zu seinen Freunden ins Kaffeehaus eilte: «Hört zu, ich habe einen großartigen sprechenden Papagei!»

Aber der Papagei gab keinen Laut von sich, wiesehr er ihm auch gut zuredete. Schließlich bot man ihm eine Zehn-zu-eins-Wette an, daß der Papagei nicht sprechen könne. Der Mann nahm die Wette an, aber immer noch gelang es ihm nicht, den Papagei zum Sprechen zu bringen.

Unter den freundlichen Schmähworten seiner Freunde verließ der Mann das Kaffeehaus. Er knuffte den Papagei und sagte: «Was ist los mit dir, du dummer Vogel? Hast du gesehen, wieviel Geld ich deinetwegen verloren habe?»

«Der Dummvogel bist du», sagte der Papagei, «wenn du morgen wieder ins Kaffeehaus gehst, dann wirst du eine Wette hundert zu eins abschließen, und – das verspreche ich – dann wirst du gewinnen!»

Geschichten aus dem Reich der Affen

Honig macht taub

Es war einmal vor langer, langer Zeit, keine zwei Millionen Kilometer von hier, da lebte im Königreich der Affen ein gelehrter Orang-Utan. Die Affen schickten sich damals gerade an, auf der

Stufenleiter der Evolution eine weitere Sprosse zu erklimmen, und besaßen deshalb eine schon relativ hoch entwickelte Gesellschaftsstruktur und Kultur.

Jener Orang-Utan war kein Niemand in seinem Land, im Gegenteil: Er war Professor an der bekanntesten Universität im ganzen Lande.

Eines Tages wollte er im großen Hörsaal seiner vollzählig versammelten Affenkollegenschaft eine bemerkenswerte neue Entdeckung demonstrieren.

Zuallererst nahm er sechs Fliegen aus einer kleinen Holzkiste. Auf seinen Befehl hin flogen die kleinen Insekten genau dreimal um den Tisch und landeten dann elegant auf der kleinen Schachtel. Dann gab er ihnen die Anweisung, eine kleine Pyramide zu bilden, unten drei, dann zwei und als Krönung die sechste obenauf – was sie auch pflichtschuldigst taten. Das hochmögende Publikum konnte das Schauspiel durch eine gewaltige Lupe beobachten, die eigens zu ihrer Konvenienz angebracht worden war.

Und schließlich ließ er die sechs Tierchen ein im Affenlande wohlbekanntes Ballett auf sechsmal sechs winzigen Beinchen aufführen.

Das Auditorium tobte. Die Wände wackelten. Geschrei, Durcheinander, Applaus, Hochrufe.

Als sich der Lärm wieder gelegt hatte, sagte der Orang-Utan zur versammelten Affenschaft: «Und nun möchte ich zur Erläuterung meiner Entdeckung mit der Demonstration beginnen.»

Fein säuberlich brachte er sechs Tropfen Honig auf das Pult auf und setzte nacheinander je eine Fliege hinein.

Dann gab er wie zuvor laut den Befehl: «Fliegen – dreimal um den Tisch herum!»

Doch diesmal blieben die Fliegen sitzen und saugten genußvoll an dem Honig.

«Dies nun, meine Damen und Herren», sagte Professor Orang-Utan, «ist der Beweis: Wenn die Füße der Fliegen mit Honig bedeckt sind, können sie nicht hören!»

Im besagten Affenland lebte zur gleichen Zeit ein weiser alter Pavian, der den WEG kannte, den die Affen vor sich hatten, und der seine ganze Kraft in den Dienst der Arbeit auf dieses große Ziel hin stellte. Nur, wie das recht häufig der Fall ist, wenn wahre Weisheit am Werke ist, waren es wenige, die erkannten, welche Aufgabe und Funktion dieser Pavian in ihrer Zeit zu erfüllen hatte.

Eines Tages besuchte der alte Pavian die Hauptstadt des Affenreiches und kam gerade zur rechten Zeit, um einen der Affenpriester vor einer großen Menge über Moral und gerechtes Tun schwadronieren zu hören. Der Priester erblickte den Pavian in der Menge, erkannte ihn und sagte:

«Ich kann meine Ausführungen mit keinen besseren Worten beschließen als mit dem Ausdruck der Hoffnung, daß jener alte Pavian dort sich bessern und keine Samen des Zwistes mehr unter uns säen möge, solange er hier in der Stadt weilt! Natürlich täuscht er euch alle, wenn er vorgibt, die Wahrheit zu sprechen.»

Der Pavian stand auf und sagte:

«Wenn ihr mir erlaubt: Morgen werde ich euch allen auf dem großen Stadtplatz Heucheleien zu Gehör bringen. Wer seine Seele von mir nicht vergiften lassen möchte, möge zu Hause bleiben, es sei denn, er hat durch das stete Bemühen des Priesters um die Wahrheit ein Herz, das sauber genug ist, meine Schändlichkeiten zu ertragen.»

Natürlich kam am nächsten Tag eine riesige Menge Affenvolks auf dem Stadtplatz zusammen, um den Pavian zu hören.

Als erstes sagte er: «Ich bin gekommen, um zu eurem eigenen Besten zu sprechen.»

Zuerst herrschte Stille. Dann fragte ein riesiger Gorilla: «Soll das nun eine geheuchelte Behauptung sein?»

«Ja, in der Tat», sagte der Pavian. «Und zwar dann, wenn sie von jemandem aufgestellt wird, der mit ihr nur seinen Namen beliebter machen möchte.»

Dann fuhr der Pavian fort: «Ich werde nun folgende geheuchelte Behauptung aufstellen: ‹Ihr müßt Gutes tun, denn was gut ist, wißt ihr ja alle.›»

Und wieder fragte jemand, diesmal ein junger Schimpanse: «Wie kann das eine schändliche Behauptung sein, besonders wenn ich daran denke, daß wir diesen Satz beinahe jede Woche einmal von unserem Priester zu hören bekommen?»

Der Pavian antwortete: «Weil ihr nicht wirklich *wißt*, was gut ist. Jedem intelligenten Affen ist das bekannt. Ihr wißt nur, was man euch als Gut und Böse beigebracht hat.»

Und dann sagte er: «Heuchelei ist auch, wenn euch jemand sagt: ‹Der und der Affe ist gut oder böse oder nachahmenswert›, wenn diese Worte in Wahrheit bedeuten: ‹Ich mag ihn, oder ich mag ihn nicht, ich möchte an ihn glauben, oder ich möchte an ihm zweifeln.›»

Er fuhr fort: «Wünscht noch jemand weitere Worte der Heuchelei?»

Die Menge schwieg.

Die Belohnung

Gevatter Schimpanse kam eines Tages mit guten Nachrichten für den Affenkönig in die Hauptstadt. Theoretisch hatte jeder Untertan das Recht, augenblicklich zum König vorgelassen zu werden, aber nur unter großen Schwierigkeiten gelang es dem Schimpansen, eine Audienz zu bekommen.

Der König war hocherfreut über die Nachricht und sagte: «Suche dir deine Belohnung selbst aus.»

«Fünfzig Stockschläge», sagte der Schimpanse.

Verblüfft befahl der König, dem Affen die Schläge zu verabreichen.

Nach fünfundzwanzig Schlägen rief der Schimpanse: «Halt!

Und nun holt meinen Partner herein und gebt ihm die andere Hälfte der Belohnung. Ihr Kammerherr, Eure Majestät, hat mich nämlich nur unter der Bedingung vorgelassen, daß ich schwöre, ihm genau die Hälfte von dem abzugeben, was ich als Lohn für meine guten Nachrichten empfange.»

Gerechtes Teilen

Zwei Hunde fanden ein großes, frisches Brot und wollten es teilen. Lange diskutierten sie, wie man diese schwierige Operation wohl am gerechtesten bewerkstelligen könnte.

Ein Affe belauschte ihr Gespräch, kletterte von seinem Baum und sagte: «Ich möchte euch meine Dienste als gerechter Schiedsrichter anbieten. Genau genommen haben wir es hier doch mit einem Problem von Maß und Gewicht zu tun. Nichts einfacher als das. Meine Präzisionswaage wird euch zwei exakt gleiche Teile auswiegen.»

Die beiden Hunde waren schon hungrig und der Diskussion müde und stimmten deshalb dem Vorschlag des Affen zu.

Nach kurzer Zeit kam der Affe mit der Waage zurück, nahm das Brot und brach es in zwei Teile. Die Waage jedoch zeigte an, daß die eine Hälfte etwas schwerer war als die andere.

Der Affe biß ein Stück von der schwereren Hälfte ab und legte es wieder in die Schale. Jetzt war die andere Hälfte ein paar Gramm schwerer, und so biß er auch von ihr ein Stück ab. Mit welcher Folge? Nun, der Leser wird es sich denken können. Jetzt war die andere Seite wieder schwerer als diese Hälfte.

So biß er wieder von der einen Hälfte und dann von der anderen Hälfte ab, und dann wieder von der einen Hälfte und so fort...

Als vom Brot fast nichts mehr übrig war, sagten die Hunde: «Vielleicht waren wir etwas voreilig, dich mit der Aufgabe des Teilens zu betrauen. Gib uns wenigstens den Rest des Brotes, wir werden es selbst teilen.»

Der Affe antwortete: «Was glaubt ihr, womit ihr mich für meine harte Arbeit entlohnen wollt?» Sprach's, stopfte sich das letzte Stück Brot ins Maul und war im Baum verschwunden, bevor sich die Hunde auf ihn stürzen konnten.

Der Affe und der Gschaftlhubervogel

Eine Horde Affen lebte einst recht zufrieden auf der bewaldeten Seite eines Berges. Sie sammelten Früchte, Nüsse, Wurzeln, Schößlinge und andere affenartige Dinge zum Essen. Aber als eines Nachmittags plötzlich die Winterstürme einsetzten, wurde es den Affen erbärmlich kalt. Elend hockten sie zusammen und zitterten und schnatterten aus Leibeskräften.

Nun, einer unter ihnen ist ein kleines bißchen schlauer als der Rest. Er erspäht etwas Leuchtendes und Seltsames in einem nahen Busch, verläßt die Gruppe und zieht los, sich die Sache etwas genauer anzusehen. Es ist ein Glühwürmchen, aber dieser helle junge Affe denkt, es sei ein Fünkchen, mit dem er Feuer machen und sich wärmen könne.

Folglich klopft er auf den Busch, wirft das Glühwürmchen zu Boden und bedeckt es mit einem Haufen trockener Blätter. Diese Aktivitäten locken die anderen Affen an, und die Horde versammelt sich unter großem Geschnatter und Geplapper, um zu sehen, was vor sich geht. Von oben in einem nahen Baum zetert ein Vogel los:

«He da, ihr Affen – so könnt ihr kein Feuer machen. Das ist eine luminöse Larve und keine Flamme. Das funktioniert nicht! Das funktioniert nicht!»

Die Affen ignorieren diesen ungebetenen Rat und fangen an, ihrem Bruder zu helfen. Sie sammeln Stöcke, Zweige, Gras und mehr Blätter, um alles über dem armseligen Glühwürmchen aufzuhäufen.

Mittlerweile geht der erste Affe, dem es immer kälter wird, runter auf Hände und Knie, bläst energisch in den Stapel und hofft darauf, daß dieser sich flammend entzündet. Ein paar andere stehen im Kreis, reiben sich Brust und Bauch und strecken tatsächlich die Handflächen zu der imaginären Wärmequelle hin.

Das ist zuviel für den Gschaftlhubervogel. Er flattert vom Baum herunter und landet direkt neben dem blasenden und pustenden Affen.

«Hör zu, Großer Affe», schilt er, «ich sage dir doch schon die ganze Zeit, daß du das so nicht machen kannst. Siehst du denn nicht, daß du es mit einem phosphoreszierenden Insekt zu tun hast, *lampyris noctiluca,* gewöhnlich Glühwürmchen genannt? Es ist nicht möglich, ein wirkliches Feuer mit einem leuchtenden Käfer zu machen.»

Großer Affe stellt das Blasen ein und dreht ganz langsam den Kopf, bis er diesem nervtötenden Besserwisser in die Augen sehen kann. Ohne ein Wort langt er hin, packt Gschaftlhubervogel am Hals und reißt ihn mit einem Ruck zu sich heran. Dann dreht er langsam dem verblüfften Vogel den Kopf ab.

Zwei Ratschläge

Es war einmal ein Affenkönig, ein Gorilla, der sich stets bemühte, seine behaarten Untertanen mit aufgeklärter Großmut und Güte und einem Minimum an staatlicher Aufsicht zu regieren. Doch das Volk war unzufrieden, und statt mit den Verwaltungsorganen zusammenzuarbeiten und sie zu respektieren, wurden sie wehleidig und aufsässig. Eines Tages saß der König in der Krone des höchsten Baumes in seinem Waldpalast, in seine Sorgen vertieft, als er tief unter sich einen reichlich zerzausten und ungepflegt wirkenden Orang-Utan sitzen sah.

Der König dachte sich: «Ich kenne diesen merkwürdigen Gesellen. Er steht im Ruf, alle Geheimnisse zu kennen; es kann nicht schaden, ihn um Rat zu fragen.»

Er ließ den Orang-Utan zu sich kommen, beschrieb ihm sein Problem und sagte: «Ich wünsche deinen Rat in dieser Angelegenheit.»

Der Orang-Utan kratzte sich zuerst ausgiebig und sagte dann: «Ich werde dir nicht nur einen, sondern sogar zwei Ratschläge erteilen.»

«Nicht nötig», sagte der Affenkönig ungeduldig, «alles, was ich brauche, ist ein einziger guter Rat.»

«Wenn das so ist», sagte der ‹Waldmensch› (denn Orang-Utan bedeutet genau das), «dann werde ich dir einen Rat geben: *Wenn du herrschen mußt, dann herrsche auch.*»

Sofort machte sich der König ans Werk, und begann, viel stärkeren Druck auf das Affenvolk auszuüben, und behandelte seine Untertanen mit solcher Strenge, daß sie eine Revolte anzettelten.

Schon nach kurzer Zeit mußte der König fliehen und kam gerade noch mit dem Leben davon, verkleidet als zerzauster alter Orang-Utan.

In einem fernen Waldstück rastete er, und gerade als er eine Banane pflücken wollte, sah er den Orang-Utan, der ihm den Rat gegeben hatte, an einem Bach sitzend in Meditation versunken.

Der Gorilla sagte vorwurfsvoll: «Jetzt schau her, wohin mich dein Rat gebracht hat!»

«Möchtest du jetzt den zweiten Rat hören?» fragte der Orang-Utan.

«Zu verlieren habe ich nichts mehr, also kann es nicht schaden, ihn anzuhören», antwortete der Ex-König.

«Der zweite Rat lautet», sagte der Derwisch: «*Frag nie um Rat, noch befolge ihn, ohne dich zu überzeugen, daß der Ratgeber die dafür geeignete Person ist.*»

Im Königreich der Affen lebte ein schrulliger, alter Gorilla zurückgezogen in einem abgelegenen Waldstück. Nichtsdestotrotz wurde er im ganzen Land vom Volk verehrt und geliebt. Man verzieh ihm sein barsches und brummiges Wesen, mit dem er sich Störungen seines geruhsamen Lebensabends vom Leibe hielt, denn jedermann wußte, daß er mit seiner tiefen Weisheit großzügig half, wenn echte Not am Affen war.

Dieser Gorilla nun war den Gelehrten im Affenlande ein steter Dorn im Auge. Sie wetteiferten geradezu miteinander, seinen Ruf zu untergraben. Einer von ihnen machte abfällige Bemerkungen über seine Herkunft, ein anderer verfaßte Schmähschriften über seine «Philosophie», ein dritter beschwerte sich über sein Reden, ein vierter über sein Schweigen, ein fünfter über seine «Feigheit», die sich darin äußerte, daß er niemals in der Öffentlichkeit auftrat. Kurz, sie behandelten ihn, wie es in Gelehrtenkreisen üblich ist.

Trotz ihres Feldzuges gegen ihn fuhren die Affen fort, ihn aufzusuchen und auf ihn zu hören. Und wenn sie zu den Gelehrten zurückkehrten, hatten sie für die Affenwissenschaftler keinen Trost im Gepäck: Ihre bohrenden Fragen setzten ihnen immer wieder Läuse in den Pelz, denn sie mußten sich ständig auf unerquickliche Weise mit ihnen auseinandersetzen.

Eines Tages beschlossen die Gelehrten und Ratgeber des Königs, ihre Taktik zu ändern.

Einige von ihnen gingen zum Affenkönig und sagten:

«Eure Majestät, jener Gorilla untergräbt die Moral Eurer Untertanen. Wir raten dringend dazu, etwas zu unternehmen, bevor er Eure Position ins Wanken bringt.»

Der König war überrascht. «Ich denke», sagte er, «daß es Euch sicherlich gelingen wird, seine Entmachtung zu veranlassen, denn, wie ich oft erleben mußte, seid Ihr recht geschickt in diesen Dingen.»

«Wir haben es versucht, Majestät», sagten sie, «aber er

scheint sich um seinen Namen nicht zu scheren, und das hat zur Folge, daß die Leute sogar die Bedeutung von Reputation an sich in Frage stellen.»

«Soll ich denn diesen Gorilla töten lassen und ihn so zum Märtyrer machen?» fragte der König.

«Nein, das ist in der Tat das letzte, was wir tun sollten», erwiderten die Gelehrten.

«Da nun die Gelehrten in diesem Lande die Ratgeber des Königs sind», sagte der König (dem bewußt war, daß er gut daran tat, auf seiten dieser ehrwürdigen Spitzbuben zu bleiben), «gebt mir einen Rat, und ich werde augenblicklich jede geeignete Maßnahme treffen.»

«Das beste ist, die Narretei dieses Gorillas augenfällig zu machen, damit die Leute nicht auf den Gedanken kommen, ihn nachzuahmen», sagte der listigste unter den Gelehrten.

«Was soll ich also tun?» fragte der König.

«Fordere ihn heraus, eine unerfüllbare Aufgabe zu lösen», sagte der Gelehrte. Und er machte einen Vorschlag, wie man die ständige Behauptung des weisen, alten Gorillas auf die Probe stellen könne, nämlich daß es möglich sei, «die Begrenzungen des Alltags hinter sich zu lassen».

Und so kam es, daß der Gorilla eines Tages bei einem seiner wenigen Ausflüge in die Hauptstadt einen Herold ausrufen hörte:

«Der König gibt sich die Ehre zu verkünden, daß er die Lehren des Gorillas akzeptieren werde, vorausgesetzt, daß jener körperliche Anstrengungen auf sich nehmen werde, die kein Gelehrter lebend überstehen würde.»

Der Gorilla ging augenblicklich zum König, der zu ihm sagte:

«Gorilla, ein Fliegengewicht Demonstration ist besser als eine Elefantenladung Reputation. Willst du dich meiner Prüfung unterziehen?»

«Das will ich», sagte der Gorilla.

«Wir befinden uns mitten im Winter», sagte der König, «und

die Nächte sind unerträglich kalt. Ich möchte, daß du ohne jede Wärmequelle, ohne Fell oder Decke eine ganze Nacht auf dem Dach der Zitadelle verbringst. Wenn du am nächsten Morgen noch lebst und dir auch keine Frostbeulen eingehandelt hast, werde ich eingestehen, daß du Fähigkeiten besitzt, die nicht einmal Gelehrte aufweisen.»

Der Gorilla nahm die Herausforderung ohne Zögern an. In jenen Tagen konnten die Affen sich noch mit einem Handgriff ihres Fells entledigen, denn man hatte sich besser als heute an die Schwankungen von Hitze und Kälte angepaßt. Und das tat der Gorilla.

Am nächsten Morgen war eine gewaltige Affenmenge zusammengeströmt, um zu sehen, ob der Gorilla überlebt hatte. Bei Morgengrauen sahen sie, daß der Gorilla nicht nur am Leben war, sondern schweißgebadet einen gewaltigen Felsen, den er aus dem Mauerwerk gelöst hatte, von einem Ende des Daches zum anderen rollte.

Als der Gorilla von den Wachen heruntergebracht wurde, begrüßten ihn die Affen mit gewaltigem Gejohle und Applaus.

«Ich habe einen Helden aus ihm gemacht und ihr aus mir einen Narren, hochmögende Gelehrte», schrie der König seine Berater an. «Wenn ich ihn in Ruhe gelassen hätte, dann hätte zumindest die Möglichkeit bestanden, daß seine Methoden meinen Thron nicht untergraben. Jetzt sieht es so aus, als ob ich eine längere Kampagne starten muß, um dem Volk zu beweisen, daß ich immerhin halbwegs meine fünf Sinne beisammen habe und ein guter König bin.» Da saß er nun, hörte dem Jubel der Menge zu und kaute an seinen Fingernägeln.

Der Gorilla erschien und sagte:

«Eure Majestät, kommt bitte mit mir auf die Zinnen.»

Mißmutig folgte der König dem Gorilla zu einer Stelle, wo das Volk sie hören und sehen konnte.

Der Gorilla sagte:

«Liebe Leute, seht euren wunderbaren und klugen König. Um der ganzen Welt zu zeigen, daß Gelehrte, die sich um eine

Stellung bei Hofe balgen, auf den Buchstaben beschränkt sind, hat er mich einer Prüfung unterzogen, die in Wirklichkeit eine Prüfung der Gelehrten war. Man hat mich gebeten, eine Winternacht auf der Zitadelle zu überleben, als Nachweis für mein Wissen. Weil Gelehrte jedoch nur zu geistiger Gymnastik fähig sind, konnte ich meine Antwort – die einzige, die allen begreiflich sein würde – nur mit Hilfe von Gymnastik geben.»

Als sie wieder allein waren, sagte der König zum Gorilla:

«Warum schonst du mich, obwohl ich dich herabsetzen wollte?»

«Weil *Ihr*, Majestät», sagte der Gorilla, «in Wirklichkeit gar nichts tun wolltet, nicht einmal mich herabsetzen. Ihr wurdet von Euren Ratgebern manipuliert. Wenn ich Euch entehrt hätte, dann wärt Ihr jetzt kein König mehr. Und ein König, der eine Lektion begriffen hat, ist sicher nützlicher als ein Bettler, der einst ein König war.»

«Aber du hast gelogen, als du sagtest, daß ich die Gelehrten bloßstellen wollte», sagte der König.

«Ich habe die Wahrheit gesagt, aber ich sprach sie, bevor sie eintrat», sagte der Gorilla. «Denn von jetzt an kann es keinen Zweifel daran geben, daß Eure Majestät die Menschen tatsächlich vor solchen Leuten zu schützen versuchen wird; und eine Methode, die Ihr dabei sicher anwenden werdet, ist: ‹Ein Fliegengewicht Demonstration ist besser als eine Elefantenladung Reputation.›»

King Louies Schießkunst

King Louie, im ganzen Affenland als weise-närrischer Lehrer bekannt wie eine rosa Banane, geruhte, auf den Jahrmarkt zu gehen. «Eine wunderbare Gelegenheit, Praxis mit Theorie zu verbinden», sagte er zu seinen Schülern.

Auf dem Jahrmarkt ging er schnurstracks auf den Bogenschießstand zu, eine der beliebtesten Attraktionen: denn auf denjenigen, der auch nur einmal genau ins Schwarze traf, warteten ansehnliche Preise.

Als King Louie mit seinen Eleven eintraf, scharte sich sogleich eine große Affenmenge um die kleine Gruppe. Die Spannung wuchs, denn King Louie selbst nahm den Bogen und drei Pfeile zur Hand. Endlich würden alle mit eigenen Augen sehen können, daß selbst King Louie sich zuweilen übernimmt...

«Beobachtet mich aufmerksam.» King Louie spannte den Bogen an, schob seinen Hut in der Art der Soldaten auf die Seite, zielte sorgfältig und ließ den Pfeil vom Bogen schnellen. Der Pfeil verfehlte das Ziel weit.

Das Volk johlte vor Schadenfreude, und King Louies Schüler scharrten nervös mit den Füßen und flüsterten miteinander. King Louie drehte sich um und sprach zum Volk: «Ruhe! Das war eine Demonstration der Schießkunst eines Soldaten. Häufig verfehlt er sein Ziel. Deshalb verliert er oft den Krieg. Als ich schoß, identifizierte ich mich mit einem Soldaten. Ich sagte mir selbst: ‹Ich bin ein Soldat. Ich schieße auf den Feind.›»

Er nahm den zweiten Pfeil, ließ ihn in den Bogen gleiten und von der Sehne schnellen. Der Pfeil blieb auf halben Wege zum Ziel im Boden stecken. Totenstille herrschte.

«Und jetzt», sagte King Louie, «habt ihr den Schuß eines Mannes gesehen, der zu scharf aufs Schießen war, aber sich nicht konzentrieren konnte, weil er auf Grund des fehlgegangenen ersten Schusses zu nervös war. Der Pfeil flog zu kurz.»

Sogar der Besitzer des Schießstandes war von diesen Erläuterungen fasziniert.

King Louie wandte sich lässig dem Ziel zu, zielte und ließ den Pfeil fliegen. Er traf genau ins Zentrum der Scheibe.

Sehr sorgfältig musterte er die Preise, wählte den aus, der ihm am meisten gefiel, und wandte sich zum Gehen. Ein Tumult brach aus.

«Ruhe!» sagte King Louie, «einer von euch soll für alle sprechen!»

Einen Moment lang sagte niemand etwas. Ein täppischer, junger Affe trat schließlich vor und sagte: «Wir möchten gerne wissen, wer denn nun den dritten Schuß abgegeben hat?»

«Den? Oh, das war *ich*.»

Weisheit und Anweisung

Eine uralter, weiser Schimpanse hatte von den Affen des Waldes den ehrenvollen Auftrag bekommen, sein Wissen und seine Lebensweisheit ihrer jungen Nachkommenschaft zu vermitteln. Nach einigen Monaten der Lehrzeit bei ihm sprach ein junger Maki mit einer Frage bei ihm vor:

«Ihr besteht auf Disziplin, Gehorsam und Euch Dienen. Ihr habt uns eingeschärft und gefordert, Euren Anweisungen und Befehlen ohne Widerrede zu gehorchen, niemals einen Befehl abzuändern oder andere Lebewesen zu kritisieren oder gegen sie anzugehen.»

Der Schimpanse sagte: «Wohl gesprochen. Genau das habe ich von euch verlangt.»

Der kleine Maki wandte ein: «Ich kann nicht verstehen. Bis zum heutigen Tage habt Ihr noch nie etwas befohlen, noch nie ein Anweisung gegeben, wir alle haben deshalb auch noch nie die Möglichkeit gehabt, Euch zu gehorchen!»

Der Schimpanse erwiderte: «Die ganze Ausbildung geschieht wegen euch und wegen unserer gemeinsamen Arbeit. Wenn es nur um mich ginge, würde ich befehlen und euch gehorchen lassen. Aber es geht um euch, und beim Befehl geht es um den *Befehl*, deshalb muß ich dafür sorgen, daß ihr gehorchen werdet, daß ihr die *Fähigkeit* zum Dienen und zur Enthaltung von Kritik erwerbt.

Diese Fähigkeiten sind für jenen Zeitpunkt erforderlich, wenn sie erforderlich sind, und für die Gelegenheit, wo sie nötig werden, nicht als etwas, das stets und dauernd geprüft wird. Wenn ihr sie besitzt, dann besitzt ihr sie. Wenn nicht, dann macht sie euch durch Handeln und Lernen zu eigen.

Gehorsam beispielsweise könnt ihr nicht allein dadurch erlernen, daß ihr mir gehorcht. Er kann dadurch erlernt werden, daß ihr den Umständen gehorcht, in die ihr hineingeboren seid.

Es wird schwer für euch, wenn ihr diese Fähigkeiten nicht habt, wenn sie nötig werden. Sie zu haben ist wichtig. Sie nur zur Schau zu stellen ist eine andere Sache.»

Kompetente Hilfe ist immer willkommen

Ein Affe holte einen Fisch aus dem Wasser und legte ihn auf einen Ast. «Was hast du vor?» fragte ein anderer Affe, der sehr verwundert war, denn Fische zählten nicht zu ihrer täglichen Kost.

«Ich rette ihn vor dem Ertrinken», war die Antwort.

Darlehen

Ein Affe sagte zu einem anderen:

«Ich habe meinem Nachbarn zwanzig Kokosnüsse geliehen, dabei aber keine Zeugen gehabt. Jetzt fürchte ich, will er sie nicht mehr zurückgeben.»

Der Freund hatte Mitleid, aber ein alter Pavian, der das Gespräch mit angehört hatte, hob seinen Kopf und sagte:

«Lade den Nachbarn hierher ein, vor alle diese Affen, und erwähne im Gespräch, daß du ihm vierzig Kokosnüsse geliehen hast.»

«Aber es waren nur zwanzig!»

«Das», sagte der Pavian, «ist genau, was er in diesem Augenblick ausrufen wird. Du wolltest doch Zeugen, oder nicht?»

Kurz bevor die Affen Menschen wurden, lebte in ihrem Reich ein junger Schimpanse namens Pongo, der als Geselle eines palmholzschnitzenden Pavians seinen Lebensunterhalt verdiente. Er gehörte zu den Affen, die das, was die Zukunft ihnen bringen würde, schon in ihrem Blut hatten. Dieses Gefühl äußerte sich bei ihm als merkwürdige Unrast und Unzufriedenheit mit seinem Los. Und so entschloß er sich, auf Reisen zu gehen, um sein Glück zu suchen.

Gerade hatte er auf der Suche nach den Chancen des Lebens das große Tor der Affenhauptstadt hinter sich gelassen, als ihm ein flüchtiger Bekannter, ein älterer Schimpanse, zurief: «He, Pongo, wenn du Arbeit als Schnitzer suchst, ich kenne da jemanden, der eine freie Stelle hat!»

Pongo sagte: «Nein danke. Ich habe das Leben hier hinter mir gelassen. Mein Streben geht nach Höherem.»

Was Pongo nicht wußte, war, daß er schon bald ein berühmter Schnitzer und hochgeehrter Künstler im ganzen Affenreich geworden wäre, wenn er das Angebot angenommen hätte. Denn so war der Ausgang der Chance beschaffen, deren Beginn er ausgeschlagen hatte.

Diese Begegnung gab Pongo nun noch mehr Gewißheit, daß er auf dem richtigen Weg war, und er war noch gespannter als zuvor, was das Schicksal wohl für ihn bereithielt.

Er dachte bei sich selbst: «Ich habe es gewußt: Wäre ich auf meinem Hintern hocken geblieben, dann hätte es sicher noch Jahre gedauert, bis sich mir die Gelegenheit geboten hätte, ein selbständiger Schnitzer zu werden. Man sieht: Wer reist, dem eröffnen sich Chancen.»

Nach einiger Zeit begegnete er einem fremden Gorilla, der ihn fragte: «Was ist dein Beruf?»

«Ich bin ein Meisterschnitzer», sagte Pongo und dachte bei sich: ‹Warum soll ich mich als Geselle ausgeben, wenn ich schließlich ein Meister geworden wäre, als ich jenes Angebot bekommen habe.›

Der Gorilla sagte: «Mein Bruder heiratet, und ich möchte ihm gerne etwas Außergewöhnliches zur Hochzeit schenken. Hast du Lust, eine besondere Schnitzerei anzufertigen, wenn ich dir das Holz gebe und alle anderen Dinge, die du brauchst?»

«Sicher, gerne», sagte Pongo. Und so ließ er sich bei einer nahe gelegenen Affenkolonie nieder und schuf ein wirklich nach Affenmaßstäben außergewöhnliches Schnitzwerk, eine kleine Nachbildung eines fliegenden Vogels.

Pongo dachte bei sich: «Da sitze ich nun, verdiene mein Geld und komme zu Ansehen und Bewunderung, und das, obwohl ich mir Position und Format zuspreche, die ich in den Augen meiner Mitaffen bisher nicht besaß, die ich aber offensichtlich ausfüllen kann.»

Der Lohn für seine erste selbständige Arbeit reichte aus, um einen eigenen Laden zu kaufen, und seine Absicht war, sich in dieser Kolonie noch längere Zeit aufzuhalten.

Schon bald danach betrat ein junger Pavian den Laden und sprach: «Werter Kollege, ich bin von Beruf ebenfalls Schnitzer. Ich habe geerbt, möchte mich nun irgendwo niederlassen und dich deshalb fragen, ob du mir dein Geschäft verkaufst?»

Und er bot ihm eine solch große Summe, daß Pongo nicht widerstehen konnte und sich bald darauf auf der Straße wiederfand.

Ein paar Tage später überfiel ihn eine Räuberbande aus dem Hinterhalt, raubte ihm seinen ganzen Besitz und ließ ihn zerschlagen und hilflos am Straßenrand zurück.

Da lag er nun, bejammerte sein Schicksal und seine Unfähigkeit, bei einer Sache zu bleiben. Vor allem bedauerte er, den Laden aus reiner Habgier verkauft zu haben.

Was Pongo nicht wußte, war, daß es ihm noch viel schlimmer ergangen wäre, wenn er seinen Laden behalten hätte. Am gleichen Tag, als er ihn verkauft hatte, wurde diese Gegend von einem fürchterlichen Wirbelsturm heimgesucht, der die Affenkolonie und seinen Laden völlig verwüstete und den neuen Ladenbesitzer tötete.

Kurz nach dem Überfall kam ein mildherziger Schimpanse des Wegs. Er sah Pongo in seinem Zustand und sagte: «Komm, ich helfe dir. Ich bringe dich zu mir nach Hause, und dann werden wir weitersehen.»

Pongo ging mit in das Haus seines neuen Freundes und blieb, während seine Wunden und Knochen heilten.

Der Schimpanse gab Pongo Arbeit in seinem Palmengarten; er verbrachte dort drei Jahre, immer in Angst vor der Weiterreise, weil er ja wieder Pech haben und ihm etwas zustoßen könnte. Gleichzeitig war er stolz auf seine Genügsamkeit und Bescheidenheit und auch auf seine Fähigkeit, den geringen Posten eines Gärtners ausfüllen zu können, wo er doch in Wirklichkeit ein Künstler sei. Und als ganz besonders tugendhaft betrachtete er seine Arbeit, weil er durch sie die Schuld gegenüber seinem Retter begleichen konnte, sozusagen als Gegenleistung für das Mitgefühl, das jener einem bettelarmen Wanderer gezeigt hatte.

Was Pongo nicht wußte, war, daß sich die Dinge völlig anders entwickelt hätten, wenn er dort am Straßenrand geblieben wäre. Schon bald gab es nämlich gewaltigen Stunk in der Affenräuberbande. Mehrmals hintereinander waren sie bei ihren Raubzügen erfolglos geblieben, und schließlich wurde auch noch der Anführer von seinem Stellvertreter getötet. Er hatte nämlich den Aberglauben seiner Kumpane unterschätzt: Sie waren sicher, daß Pongos Geld irgendwelche magischen Kräfte besaß und diesen «Fluch» über sie gebracht hatte. Der Stellvertreter brachte schließlich das ganze Geld und noch viel mehr zu der Stelle zurück, wo sie Pongo überfallen hatten.

Nach drei Jahren der Arbeit im Garten seines Herrn bat Pongo um die Erlaubnis, gehen zu dürfen, und machte sich auf den

Weg zur nächsten großen Affenkolonie. Dort bewarb er sich als Schnitzergeselle und arbeitete sich nach und nach hoch zum Oberschnitzer bei einem reichen Ladenbesitzer.

«Jetzt», dachte er bei sich selbst, «bin ich wieder auf dem richten Weg. Denn genau hier wäre ich gelandet, wenn mich mein Größenwahn nicht zu dieser Reise verleitet hätte.»

Was Pongo jedoch nicht wußte, war, daß das Hindernis für seine Entfaltung und seinen Erfolg im Leben in der eingebildeten Überzeugung bestand, er sei bescheiden, aber auch in der Überzeugung, alle Ereignisse in seinem Leben würden ein zusammenhängendes Ganzes bilden.

Als Pongo durch ein Mißverständnis wegen Diebstahls verhaftet und eingesperrt wurde, begann er seine Gedanken ein weiteres Mal neu zu arrangieren: «O Jammer, ich wäre viel besser dran, wenn ich diese Reise niemals begonnen hätte. Aber die Haltung ist, was zählt: Meine Pechsträhne ist nur eine Prüfung des Schicksals, ich muß mich in Geduld üben.»

Was Pongo aber nicht merkte und auch sein ganzes Leben lang nicht begriff, war, daß verschiedene Ereignisse Bestandteile unterschiedlicher Ketten von Ursache und Wirkung im Leben sind. Jeder Affe, der sie zu einer zusammenhängenden Geschichte fügt und dabei sich selbst schmeichelt, indem er ein einheitliches, zusammenhängendes Schicksal voraussetzt, der wird genau jene Art von Resultat erzielen, die nicht das geringste mit einer «Prüfung» von Bescheidenheit und Geduld zu tun hat, sondern schlicht der Preis für die eigene Dummheit ist. Affen, die sich immerzu für «geprüft» halten, wenn man es ihnen heimzahlt, sind selbstgefällig und arrogant. Und dieser Charakterzug macht es ihnen unmöglich, sich auch nur vorzustellen, daß sie manchmal einfach nur die Früchte dessen ernten, was sie gesät haben.

Der Weiseste Affe hielt sich eines Tages in einem kleinen Grenzdorf des Affenreiches auf, umgeben von seinen Schülern. Gerade als sie aufbrechen wollten, tauchte scheinbar aus dem Nichts ein Wanderaffe auf, mit völlig zerzaustem und mottenzerfressenem Fell – ein seltsamer und unheimlicher Anblick.

«Woher kommst du?» fragte der Weiseste Affe.

«Keine Ahnung», sagte der Wanderaffe mit einem blöden Grinsen im Gesicht. Einige der Schüler murmelten ungehalten über diese Respektlosigkeit.

«Wohin gehst du?» fragte der Weiseste Affe ungerührt.

«Ich weiß nicht!» brüllte der Wanderaffe.

«Was ist gut?» Inzwischen hatte sich eine große Affenmenge versammelt.

«Weiß nicht.»

«Was ist böse?»

«Keine Ahnung.»

«Was ist richtig?»

«Was für mich gut ist.»

«Was ist falsch?»

«Was schlecht für mich ist.»

Der Menge riß nun der Geduldsfaden, so sehr irritierte sie der Wanderaffe, und sie trieben ihn fort. Mit entschlossenen Schritten ging der Wanderaffe in eine Richtung, die nirgendwohin führte, soweit die Affen das wußten.

«Ihr Narren!»sagte der Weiseste Affe, «dieser Affe hat die Rolle der Affenheit gespielt. Während ihr ihn verachtet habt, hat er absichtlich Achtlosigkeit demonstriert, so, wie es jeder von euch tut, unbewußt, an jedem Tag seines Lebens.»

Gewalttätigkeit

Eines Tages kam der Fuchs zur Maus und sagte: «Ich bin der König der Tiere!»

«Oh, natürlich, selbstverständlich, ohne Zweifel, Eure Majestät!» sagte die bibbernde Maus.

Zufrieden stolzierte der Fuchs weiter und begegnete einem Kätzchen: «Bin ich nicht der König der Tiere?» fragte er drohend.

«Aber sicher, w-w-wer wollte daran zweifeln, Sire», stotterte das Kätzchen.

Der Fuchs fing nacheinander einen Maulwurf, einen Hasen und eine fette Henne. Und alle bestätigten, daß er in der Tat der König der Tiere sei.

Der Fuchs marschierte weiter und entdeckte auf einer Lichtung einen Löwen. Stracks ging er auf ihn zu und brüllte: «Ich bin der König der Tiere!»

Der Löwe sagte keinen Ton. Statt dessen verpaßte er dem Fuchs eine Backpfeife, daß er sich dreimal in der Luft überschlug, und brüllte dabei ohrenbetäubend.

Der Fuchs kam wacklig wieder auf die Beine und hinkte davon. «Gewalt ist keine Antwort auf freie Rede», sagte er. «Ich habe deine Gefühle verletzt – und das einzige, was dir dazu einfällt, ist gleich gewalttätig zu werden.»

Freundschaft

Zwei Freunde wanderten in ein angeregtes Gespräch vertieft durch den Wald, als ein gewaltiger Bär vor ihnen auftauchte und sich drohend auf seine Hinterbeine stellte.

Getreu dem Sprichwort «Wundersam die Geschwindigkeit, mit der sich der Geist klärt, wenn die Exekution unmittelbar bevorsteht», kletterte der eine von beiden mit einem wahren Affenzahn auf einen Baum in Sicherheit.

Der andere konnte nicht klettern und – in Erinnerung an das Sprichwort daß «Angriff manchmal nicht die beste Verteidigung ist», warf er sich auf den Boden und stellte sich tot.

Es ist wider die Bärennatur, ein totes Wesen anzugreifen und zu fressen, und deshalb umkreiste der Bär den Mann einige Male und schnüffelte dann längere Zeit an seinem Ohr. Schließlich trollte er sich mit würdevollem Gang, ohne ihm ein Haar zu krümmen.

Sein Freund, der sich in den Baum gerettet hatte, stieg erleichtert wieder herab und fragte:

«Ich habe beobachtet, daß der Bär dir etwas ins Ohr geflüstert hat. Was hat er denn gesagt?»

Der andere Mann erwiderte: «Er sagte, ich solle mich davor hüten, meine Zeit weiter mit dir zu verschwenden, mit einem Mann, auf den ich mich im Augenblick der Not nicht verlassen kann.»

Das Kamel, der Löwe, der Leopard, die Krähe und der Schakal

Da war einst eine abgelegene Straße, die sich verschlungen durch die Berge wand und sich dann an der Kammlinie oberhalb eines bewaldeten Tals entlangzog, in dem ein Löwe als König regierte. Unter seinen Beratern waren drei gerissene Geschöpfe, die sich von seinen Überbleibseln mästeten; es handelte sich um einen ältlichen Leoparden, einen Schakal und eine Krähe.

Nun, der Löwe in dieser Geschichte – ein mächtiger Jäger – war sehr auf seinen guten Ruf als ehrenhafter und gerechter Herrscher bedacht. Niemals vernachlässigte er seine Pflicht, für die zu sorgen, die schwächer waren als er selbst. Er entwickelte einen feinen Gerechtigkeitssinn und suchte stets, das Richtige zu tun – selbst in einer Krise.

Eines Morgens passierte eine lange Karawane mit Kamelen die Straße und wirbelte eine riesige Staubwolke auf, die noch stundenlang über dem Tal des Löwen hing. Und als das Klingen der Schellen endlich in Richtung auf die Welt der Menschen in der Ferne verhallt war, bot sich ein jämmerliches Bild: ein erbärmlich junger Nachzügler lag schlapp und hilflos am felsigen Wegesrand. Er war völlig erschöpft und hatte die Augen vor Entsetzen über seine Verlassenheit weit aufgerissen. Sein Besitzer – einer der Kaufleute der Karawane – hatte die Last auf ein paar andere Kamele verteilt und dieses schwache, stolpernde Wesen zurückgelassen. Eine lange Zeit lag es ausgestreckt am Boden, atmete schwer und schien kaum fähig, sich zu bewegen. Am Ende gelang es ihm jedoch, sich staksig zu erheben, und torkelte schwankend – in einem Maß, das weit über den normalen Paßgang seiner Gattung hinausging – wie betrunken vom Straßenrand hinunter zum kühlen Wald.

Dieses junge Kamel hatte sich an einen Baum gelehnt und dachte nach, wo es wohl saftiges, knackiges Gras zum Fressen finden könnte, als plötzlich der Löwe auftauchte. Da es nichts anderes erwarten konnte, als sogleich verschlungen zu werden, versuchte es, sein Leben zu retten, indem es das einzige Angebot machte, das in dieser Situation möglich war.

«Helft mir, o Mächtiger und Lohfarbener – helft mir bitte», schrie es auf. «Ich bin schwach und mutterseelenallein. Gewährt mir Euren mächtigen Schutz, damit ich es Euch, wenn ich mich erholt habe, durch aufopfernden Dienst vergelten kann.»

Der Löwe hatte augenblicklich Erbarmen mit diesem hinfälligen Höckertier, desgleichen er noch nie vorher gesehen hatte. Seine patriarchalischen Instinkte, Zuflucht zu gewähren, waren direkt angesprochen.

«Was für eine Art Kreatur bist du eigentlich?» fragte er. «Und was genau denkst du, für mich tun zu können?» Er pausierte, um dem Kamel fragend in die riesigen braunen Augen zu sehen, während letzteres im Angesicht des Todes – so nahm es an – zitterte und bebte. Der Löwe bemerkte seine Angst und trat einen Schritt zurück.

«Nicht als ob es von Bedeutung wäre», sagte er beschwichtigend. «Du brauchst nicht mit mir um mein Wohlwollen zu feilschen. Ich glaube nicht, daß ich mich darauf beschränken sollte, mich nur auf solche Handlungen einzulassen, die in meinem direkten eigenen Interesse sind. Ich war einfach neugierig, was du dir so vorgestellt hast. Ich helfe dir auf jeden Fall – ob du nun etwas für mich tun kannst oder nicht.»

«D-danke, Ihr s-seid s-sehr f-f-reundlich», stotterte das Kamel. «Ich s-sehe s-schon, d-daß jemand, d-der s-so s-stark ist wie Ihr, eigentlich wenig anf-fangen kann mit jemand, d-der s-so s-schwach ist wie ich.» Es machte hier eine kurze Pause, um sich zu sammeln, und fuhr dann mit größerem Selbstvertrauen fort.

«Ich bin ein Lasttier, mein Herr – ich halte meinen Höcker hin für die Waren der Menschen. Ich bin Vegetarier, und man nennt mich Kamel. Gestern habe ich in den Bergen von den hellgrünen Dornbeeren gefressen, die ich auf Grund meiner Jugend nicht als giftig erkennen konnte. Als mich mein Eigentümer dabei ertappte, schlug er mich, und die anderen Kamele – sogar meine Mutter – schimpften mich einen Narren, aber es war schon zu spät. Die Übelkeit setzte ein mit stechenden Krämpfen, die ständig stärker wurden wie diese schneidenden Windböen, die einem Sandsturm in der Wüste vorausgehen. Ich verlor kurz das Bewußtsein und konnte mich nicht mehr bewegen, als der eigentliche Wirbelsturm in meinen Gedärmen losbrach; meine Last wurde umgeladen, und man ließ mich oben auf der Staße zurück. Nun stehe ich hilflos und entkräftet vor Euch. Was ich für Euch tun kann, ist ungewiß, da ich Eure Lebensgewohnheiten ebensowenig kenne wie Ihr die meinen. Aber das kann ich Euch versprechen: niemand wird Euch mit mehr Hingabe dienen für das Wohlwollen, das Ihr gezeigt habt, indem Ihr mir einfach zugehört habt. Ich danke Euch von Kreatur zu Kreatur.

Macht mit mir, was Euch gefällt.» Es senkte den Kopf und kniete nieder, aber der Löwe bat es, sich zu erheben.

«Dieser Wald und die umliegenden Felder sind mein Reich, und ich bin der Löwe, König der Tiere», sprach er. «Ich heiße dich willkommen, und ich verbürge mich persönlich für deine Sicherheit. Niemand wird es wagen, dich zu belästigen, und so geh deines Wegs und lebe in Frieden. Komm – laß mich dir hier in der Nähe eine Wiese zeigen, wo du weiden kannst, und einen Bach, von dem du trinken kannst.»

Und so erholte sich das Kamel im Nu. Bald war es bei guter Gesundheit, wohlgenährt und fetthöckerig. In der Regel verbrachte es seine Tage mit Essen, Ruhen und dem geselligen Austausch mit anderen freundlichen Tieren im Territorium. Abgesehen von nur gelegentlichen kleineren Besorgungen im Auftrag des Königs hatte das Kamel keine anderen Pflichten.

Alles lief so glatt wie Tau von einem Blatt, bis eines Tages der Löwe auf einer Jagdexpedition von einem riesigen Elefantenbullen verwundet wurde. Als er endlich in seine Höhle zurückgehumpelt war, hatte ihn der Blutverlust völlig entkräftet. Wie jedes andere wilde Tier fastete er einige Tage lang und sammelte seine Kräfte. Seine Augen wurden leuchtend, und sein Blick wurde durchdringend. Gedankenleer ließ er sich im Strom der Zeit treiben, denn er konnte spüren, daß seine innere Ruhe in dem Maß zunahm, wie er sich von seiner Umgebung löste. In der Zwischenzeit entwickelten seine Vasallen – die Krähe, der Leopard und der Schakal – einen ganz außerordentlichen Hunger. Der Löwe bemerkte schließlich ihren Zustand und hatte Mitleid mit ihnen.

«Seht mal», sprach er, als er aus seinen heilenden Wachträumen aufwachte, «nur weil ich nicht jagdtüchtig bin, braucht ihr noch lange nicht so apathisch hier herumzustehen und Hunger zu leiden. Gewiß kann doch hier unser alter Leopard ein paar Sachen zum Essen auftreiben, von denen ihr euch ernähren könnt, bis ich wieder bei Kräften bin.»

Die Krähe raschelte mit den Flügeln und schoß dem Schakal

einen schnellen Blick zu. Der Schakal hob kurz und verstohlen die Augen. Beide wußten sie, daß ihr Leopard, so wunderschön auch die Rosetten waren, die immer noch seinen herrlich gesprenkelten Pelz zierten, schon lange kein zuverlässiger Jäger mehr war. Oh, nach dieser etwas bissigen Bemerkung des Löwen gab er sich ein paar Tage alle Mühe, aber ... nun ja, er kam wirklich nicht mehr mit dem Jagen zurecht. Da gab es ein paar magere Perlhühner, einen gelegentlichen Ameisenfresser oder einen dürren Affen – aber nichts, was man eine anständige Mahlzeit hätte nennen können, vor allem, wenn man erst mal durch drei geteilt hatte. Langsam, aber sicher schwanden sie dahin. Und die Dinge wurden kaum besser, als der Löwe das Ende seiner Fastenzeit verkündete; nun mußten sie ihre dürftige Beute auch noch mit ihm teilen, und als König bekam er natürlich den Löwenanteil. Es dauerte deshalb nicht lange, da berief der Leopard eine private Sitzung mit Krähe und Schakal ein.

«Ich muß etwas erwähnen», sprach er, «das mich schon seit Tagen beschäftigt. Wir kämpfen hier um das nackte Überleben, während in unserer Mitte das elende Kamel dick und fett wird. Wo bleibt da die Gerechtigkeit? Es gehört nicht einmal zu unserer Zunft, da es dieses Pflanzenzeug frißt – und kein Fleisch. Kurz und gut, es ist ein überernährter Fremder, der, so angenehm seine Person auch sonst sein mag, eigentlich keinen Beitrag zum Leben in unserer Gemeinschaft leistet. Was sagt ihr dazu, wenn wir ihn töten und auffressen? Das Kamel ist so groß und so fett, daß, selbst wenn wir den Anteil seiner Majestät abziehen, immer noch genug dran ist, um uns mehr als eine Woche am Leben zu halten.»

«Die Idee ist ausgezeichnet», kommentierte der Schakal trokken, «und unser Hunger spricht sehr dafür. Allerdings fürchte ich, du läßt ganz außer acht, daß unser edler Führer, wie so viele große Tiere, ziemlich von der Idee fixiert ist, der Nachwelt ein sauberes Image zu hinterlassen. Es ist einfach für ihn unvorstellbar, sich anders als auf dem Podest höchst unbefleckter Ehrenhaftigkeit zu sehen. Gewiß erinnerst du dich, daß unser delikater und appetitlicher Freund unter seinem persönlichen Schutz steht? Die Geschichte würde ihn in den schwärzesten Farben als Schurken malen, wenn er sich nun aus seinem Wort stehlen würde. Mit Sicherheit wird er sein Veto gegen deinen Vorschlag einlegen, und in meinen Augen wärst du ein kompletter Narr, die Sachlage anders einzuschätzen.»

«Wieso, du dreckiger kleiner Aaskriecher», zischte der Leopard. «Hast du vielleicht eine bessere Idee?» fauchte er, lehnte sich mit einem tückischen und ominösen Blick nach vorn und bleckte die Fänge.

«Na, na», krächzte Krähe laut. «Sachte, sachte», sagte sie. «Es ist nicht gut für uns, wenn wir uns zerstreiten – überhaupt nicht gut.» Sie plusterte sich auf, schüttelte ihr Gefieder glatt und hüpfte von einem Krähenfuß auf den anderen in einem munteren, kleinen Tanz, der ihre Aufmerksamkeit ablenkte.

«Zufällig», sagte sie, als sie sich wieder zwischen ihnen niedergelassen hatte, «könnte ich vielleicht eure unterschiedlichen Ansichten in Einklang bringen. Es wird nicht leicht sein, aber mit eurer Erlaubnis bin ich bereit, es zu versuchen. Der hohe Nährwert des Plans von Leopard kann nicht geleugnet werden, und doch, es gibt keinen Zweifel, daß Schakal mit seiner Annahme über die höchst wahrscheinliche Reaktion des Königs absolut recht hat. Aber wie wär's, wenn wir diesen unangenehmen Umstand – den Tod des Kamels – nett verpacken und so appetitlich garnieren, daß er dem König akzeptabel erscheint? Es ist alles eine Frage der angemessenen Präsentation. Falls ihr bereit seid, hier friedlich eine Weile zu warten, werde ich unverzüglich zum König fliegen und versuchen, ihm diese bittere Pille etwas zu versüßen. Also, was sagt ihr dazu? Sind wir uns einig? Kein Gezänk mehr, solange ich weg bin?»

«Ja, ja», sprachen Leopard und Schakal im Einklang. Sie wußten beide sehr wohl, daß die Krähe die schlaueste war, irgendein Anliegen beim König zu präsentieren. «Wir sind einverstanden.»

«Also gut», sagte die Krähe, «bis bald», und sie schwang sich in die Luft und flog zu König Löwes Höhle. Sie setzte eine verhungerte und hagere Miene auf, verbeugte sich zutiefst und sprach unmerklich kurzatmig mit gespielter Erschöpfung: «Geruhen Eure Majestät, mich auf ein paar Worte anzuhören?»

Der Löwe hatte in bißchen gedöst, aber war voll freudiger Erwartung, als er die Krähe erblickte, denn diesem schwarzen Vogel war die Aufgabe zugefallen vorbeizuflügeln, wenn Leopard mal wieder einen Fang gemacht hatte. «O mein Bauch – sei bereit; gute Nachrichten, so Gott will», sprach er zu sich. Und zur Krähe sagte er: «Fahrt fort, Frau Corvus», denn das war ihr Name. «Sagt mir, womit Ihr Euch tragt. Wie steht die Jagd? Was haben wir heute auf der Speisekarte?»

Krähe errötete wie ein schwarzer Hund, machte gute Miene zum bösen Spiel und antwortete unerschrocken (denn sie wußte, was sie zu erwarten hatte): «Sire, ich muß Euch leider mitteilen, daß wir gewissermaßen mit leeren Klauen vor Euch treten, und für heute steht eigentlich nichts auf der Karte. Unser alter Leopard ist nicht mehr der Jäger, der er einmal war, und folglich nagen wir alle am Hungertuch. Er hat einfach nicht mehr die Schnelligkeit, noch die Beute zu machen, die er in seinen besten Jahren erlegt hat. Und da er mit jedem Tag, der verstreicht, schwächer wird, verschlechtert sich unsere Lage ganz dramatisch. Und so, Eure Majestät, kann ich für heute kein Fleisch melden. Leopard hat den Absprung verpatzt, als er ein junges Schweinchen schlagen wollte, das er mit Hilfe von Schakal und mir angepirscht hatte. Allerdings, trotz dieser unangenehmen Nachricht, haben die drei unermüdlichen Diener Eurer Majestät die Köpfe zusammengesteckt und ein Mittel ausfindig gemacht, unser Elend zu lindern, und Eure Majestät brauchten uns nur Eure Einwilligung für einen Plan zu geben, wie wir ein festliches Mahl feiern könnten.»

«Ein Festmahl, sagt Ihr? Wie? Was schlagt Ihr vor?»

«Nun, und hier zögere ich, Sire, denn ich weiß, daß das, was ich vorzuschlagen habe, Eure Majestät zutiefst im Herzen treffen wird. Nichtsdestotrotz fahre ich fort, denn, wie die Dinge liegen, sehen wir keinen anderen Ausweg.» Krähe pausierte und holte tief Atem. Verschämt mied sie den Blick des Löwen und fuhr fort.

«Ohne Umschweife gesagt, Sire, wir möchten Euch bitten, das Kamel freizustellen, damit wir es Eurem Leben opfern können. Es ist rund, mollig, fett und bis oben mit guten Dingen vollgestopft. Tot wird es Eurer Majestät besser dienen als lebendig.»

«Was?» brüllte der Löwe und schlug in blanker Wut mit einer Vorderpranke krachend auf die Erde. «Du wagst es, mir anzutragen, mein feierlich gegebenes Wort zu brechen? Du ekelhaftes Bündel stinkender Federn – geh mir aus den Augen, bevor ich dich zerfetze!» Er setzte zu einem Scheinausfall an, aber seine Wunde versetzte ihm einen reißenden und lähmenden Stoß.

«Ohuho! Auahh!» brüllte er bebend und zitternd. Er verzog das Gesicht in höchster Pein, faßte sich und legte sich behutsam wieder nieder. Krähe trat gehorsamst ein paar Krähenfüße zurück und wappnete sich gegen einen erneuten heißen Wortschwall.

«Wenn da nicht dieser verdammte Elefant gewesen wäre, wärst du jetzt wahrscheinlich schon tot», murrte er, nachdem er die Augen wieder aufgeschlagen hatte. «Du erbärmliche Bestie des Bösen, ich sollte –»

«Bei allem schuldigen Respekt, Eure Hoheit», unterbrach Krähe, «ohne ‹diesen verdammten Elefanten› hätten wir kein Problem, und ich hätte niemals diesen Vorschlag gemacht. Wie die Dinge liegen, wird wahrscheinlich ‹dieser verdammte Elefant› unser beider Verderben sein – ganz abgesehen von all den vielen anderen Opfern.»

«Vogel, halt den Schnabel!» fauchte der Löwe. «Du kannst sagen, was du willst, deine treulose Sophisterei wird mich niemals dazu bringen, mein Wort zu brechen. Du kannst fadenscheinige Argumente und listige Scheinbeweise zu einem kunstvollen Gebäude trügerischer Argumentation auftürmen, und doch werde ich dir nicht in diese niederträchtige Falle gehen! Kannst du denn nicht verstehen, was du von mir verlangst? Soll ich nun das Geschenk der Unverletzlichkeit wieder zurücknehmen? Soll ich meine Gastfreundschaft – Herberge und Schutz für fremde Kreaturen in Not – aufkündigen? Kamel hat niemals irgendwem etwas getan, und doch jetzt, angestachelt von selbstsüchtigem Hunger, siehst du ihn als eine Mahlzeit und nicht als Freund! Oh, geh nur, geh nur; ich bin dieses Spiels überdrüssig.»

«Und wenn ich gehe, Eure Majestät, dann werden wir beide bald im Tod von dieser elenden Bühne abtreten, und wenn wir den Hungertod gestorben sind, was geschieht dann mit unserem Freund, dem Kamel? Euer Königreich zerfällt, das Chaos regiert, und wer wird es vor den unvermeidlichen Marodeuren schützen? Plündernde Wölfe und geifernde Dschungelhunde werden ihm schnell ein Ende machen und das Fleisch von den Knochen reißen. Oder vielleicht soll ich es wagen, es auszusprechen, erscheint sogar ein anderer Löwe auf dem Plan, der nicht wie Ihr an ein Wort gebunden ist. Was dann, o König? Werft unser Leben, ja – Kamel, Schakal, Leopard und ich sind nur Eure Sklaven – ruhig fort, aber rettet Euer Leben, mein Gebieter, ich flehe Euch auf den Knien meines Herzens an, bewahrt Euer Leben, sonst breitet sich Zerstörung aus – und ganz besonders für unser sanftmütiges Kamel und all die anderen Geschöpfe in Eurem Land.»

«Ich werde es nicht tun!» erklärte der Löwe emphatisch. «Wie du auch deine Worte setzt, ich werde euch nicht gestatten, Kamel zu töten.»

«‹Töten›, Eure Majestät? Habe ich ‹töten› gesagt? Krah, nun begreife ich endlich, was Eure Majestät in der Güte seines Herzens so befangen macht. Nein, Sire, Töten ist kein Weg; wir wollen ihm nicht das Leben nehmen; es wird aus freien Stücken hingegeben werden! Bitte laßt es mich Eurer Majestät beweisen. Kamel wird mit uns dreien hierherkommen, Eure Majestät werden hören, wie es sich freiwillig zum Opfertod bereit erklärt. Ich verspreche, daß, was ich sage, wahr ist. Leopard, Schakal, Kamel und ich haben beschlossen, daß das Überleben Eurer Majestät Vorrang hat vor unserem eigenen Leben, wir sind bereit, gleichsam in unserem eigenen Interesse vernichtet zu werden. Das war der Grund für meinen Besuch. Ich wollte Eure Majestät lediglich auf unser Anliegen vorbereiten, wenn wir kommen.»

«Verschwinde», sagte der Löwe ruhig, «und diesmal meine ich es wirklich.» Er senkte erschöpft sein großes Haupt, und nach einem tiefen Seufzer fügte er hinzu: «Deine saubere Geschichte hat mich in eine ekelhafte Laune versetzt, und ich will allein sein.»

«Gewiß, Eure Majestät», sagte Krähe und zog sich zurück. «Ich bitte um Vergebung, wenn ich Euch aufgeregt habe. Bitte verzeiht mir.» Krähe flog schnell zu den beiden anderen zurück und fand sie schlafend am Boden ausgestreckt.

«Wacht auf, wacht auf!» krächzte sie, und nachdem sie sich erhoben hatten, erzählte sie ihnen, wie sich das Gespräch mit dem Löwen zugetragen hatte.

«So, falls ihr in meinen Plänen folgen wollt», sprach sie am Ende ihres Berichts, «werde ich euch sagen, wie wir vorgehen. Sind wir drei uns einig? Seid ihr zwei dabei?»

Leopard und Schakal sahen sich kurz an, und dann nickten sie zustimmend.

«Affirmativ», sprach der Leopard.

«Dito», sprach der Schakal.

«Gut», sprach die Krähe und stolzierte einen Moment zwischen ihnen herum, anscheinend gedankenverloren die Lage abwägend.

«In Ordnung», sagte sie endlich. «Und nun ans Werk. Schakal, ich möchte, daß du unverzüglich unseren fetten Leckerbissen herbeischaffst. Sag ihm, daß der König vom Hungertod bedroht ist und daß wir drei als ergebene Diener Seiner Majestät den Plan gefaßt haben, ihn aufzusuchen und uns ihm als Löwenspeise auszuliefern, um seine königlichen Tage zu verlängern. Sag ihm, es handelt sich lediglich um eine Formalität, aber wir hätten uns gedacht, er hätte vielleicht Lust, uns zu begleiten und zu unterstützen, unserer Dankbarkeit für Frieden und Wohlstand unter der Regierung des Löwen Ausdruck zu geben. Hast du verstanden?»

«Ja», sagte der Schakal, «ich verstehe.»

«Fein», sagte die Krähe, «das ist großartig. Ich bin sicher, du wirst leichtes Spiel haben. Aber nun hört mich zu Ende an. Kommt näher, denn dieser Teil des Planes ist nur für unsere Ohren bestimmt.»

Leopard und Schakal drängten sich dicht und verschwörerisch um Krähe, und alles, was man außerhalb ihres Kreises hätte hören können, war Wispern und Wispeln und Flüstern. Bald schoß Schakal davon, um Kamel aufzusuchen, und es dauerte nicht lange, da waren die vier Tiere gemeinsam auf dem Weg zum König.

«Eure Majestät», sprach Krähe zu dem matten Löwen», wir, Eure Diener, sind zutiefst getroffen, Eure Majestät so geschwächt und elend zu sehen. Der Gedanke schmerzt uns sehr, das höchst teure Leben Eurer Majestät könnte vom Hungertod hinweggerafft werden, und, obwohl ich untröstlich bin, daß ich Eurer Majestät so wenig von Wert anzubieten habe, möchte ich diesen schwachen Leib willigen Geistes Euch zum Geschenk machen. Nehmet und esset, mein Gebieter, labt Euch an diesem meinem armen und einfachen Leib, sterbt nicht Hungers – macht mich zum Mahl. Das Wohlergehen Eurer Majestät ist von solcher Bedeutung für das Gemeinwohl, daß mein nichtswürdiges Leben nicht ins Gewicht fällt.» Und hier wackelte die Krähe vor und warf sich vor dem Löwen in den Staub. Sie reckte den Hals und lag totenstill.

Kaum sah der Leopard die Krähe platt am Boden, da trat er auf Katzenpfoten vor und versetzte dem Vogel einen Tritt in die Schwanzfedern. Krähe kreischte heiser vor Schmerz, flatterte beiseite und sah verdrossen aus.

«Krähenfleisch für einen König?» fragte der Leopard. «Ich muß schon sagen, nichts könnte schlimmer sein, Eure Majestät. Dieser schmutzige Vorgel ist kaum für die Würmer gut genug:

eßt ihn, und Ihr werdet Euch schlechter fühlen, nicht besser. Und seht her, Eure Majestät: Ihr braucht eine echte Mahlzeit, nicht einen Mundvoll trockener Knochen und Federn. Ihr braucht richtiges Fleisch, Sire – eßt mich!» Und Leopard folgte Krähes Zeremonie und legte sich vor dem König in den Staub, hielt seinen Hals hin und wartete.

«Wartet, nicht so schnell», jappte der Schakal und trat vor. «So geht das nicht, Eure Majestät; sein Fleisch wird Euch so zäh wie alte Baumstämme vorkommen – völlig unverdaulich. Ich habe soviel Pflichtgefühl wie – so hoffe ich – jeder andere redliche Untertan. So hört mich an, wenn ich sage, daß, obwohl ich kleiner bin, meine Jugend dafür spricht, daß ich zarter bin. Beißt Leopard, und Ihr werdet Euch die Zähne ausbeißen, aber wenn Ihr Fleisch wollt, zartes Fleisch, Fleisch zum Essen – beißt mich!» Und hier warf auch er sich in den Staub, während Leopard aus sicherer Entfernung zischte.

«Krah»! kreischte die Krähe und hüpfte von einem Felsblock nieder und tanzte auf und ab. «Auf keinen Fall, Eure Majestät, auf keinen Fall! Ihr könnt nicht hergelaufenes Hundefleisch verzehren; es ist nicht gesund. Zarter als Leopard, ja – das gebe ich zu. Aber als Speise für Löwen? Niemals! Schakalfleisch stinkt zum Himmel hoch; und selbst ganz frisch ist es scheußlich.» Schakal riß den Kopf herum, und seine Augen sprühten Funken, als er Krähe von der Seite einen höchst giftigen Blick zuwarf.

Die ganze Szene rührte Kamels Gefühle mächtig auf zu suggestibler Verwirrung. Die Dynamik des Gruppenzwangs zerrte es unerbittlich in Richtung Konformität. Es wollte nicht Zuschauer sein in diesem Stück, und es wollte schon gar nicht das Mißfallen des Löwen erregen. So schien es ihm eine völlig sichere Sache und nur eine Frage des Anstandes, seinerseits nun vorzutrotten und Schakals Platz einzunehmen, nachdem dieser zur Seite getreten war.

«Mit Verlaub gesagt, Eure Majestät», begann das Kamel, «aber ich bin viele Male größer als diese drei zusammengenommen. Und mein Fleisch ist weder unrein noch zäh, vielmehr gilt es in vielen Kreisen als erlesene Köstlichkeit. Alle früher vorgebrachten Einwände treffen auf meinen Fall nicht zu; ich bin wahrhaftig viele Mahlzeiten und eines Königs würdig. Bitte, Eure Majestät, rettet Euer Leben: eßt mich auf und saugt mir das Mark aus den Knochen!» Und auch Kamel warf sich in den Staub und reckte dem König seinen Hals hin.

Entgegen allen Erwartungen jedoch hörte man nach einer kurzen Pause Krähe sagen: «Wißt ihr, ich denke, Kamel hat recht. Meint ihr nicht auch?»

«Ja», sagte der Leopard, als er zum Sprung ansetzte, «Kamelfleisch ist köstlich.» Und tief grub er seine Greifklauen in Kamels Nacken und riß ihm die Kehle aus, ehe das arme Tier Gelegenheit hatte, auch nur ein einziges Wort verlauten zu lassen. Schakal und Krähe kamen nach Kräften mit Schnappen und Hacken zu Hilfe – und die ganze Zeit, natürlich, sah der Löwe vornehm weg.

Gleiches Recht für alle

Ein Kamel und eine Maus waren sich einig: «Das elitäre Denken der heutigen Zeit ist es, das das Zusammenleben der Tiere stört. Gleiches Recht für alle!» Und dafür waren sie auch bereit, sich mit Wort und Tat einzusetzen.

Als eines Tages beide gleichzeitig Durst hatten, gab man ihnen Wasser.

Beide starben.

Das Kamel, weil es die Ration der Maus erhalten hatte.

Die Maus, weil sie in der Ration des Kamels ertrank.

Bevor Gott die Erde erschuf, da erschuf Er die Vögel und ließ sie im Garten des Paradieses leben.

Es gab große und kleine Vögel, ein jeder in ein wunderbares und leuchtendes Federkleid gehüllt, und derjenige mit der lautesten Stimme war der Hahn.

Sie flogen unter den Bäumen und Blumen des Gartens, hatten genug zu essen und konnten beim goldenen Licht der Sonne ihren Durst am klaren Wasser der vielen Quellen stillen.

Die Früchte und Beeren waren so köstlich, die Gesellschaft der Engel so erhaben, daß der Hahn mit seinem unbeschwerten Leben unzufrieden wurde und sich nach Abenteuern sehnte.

Und so wandte er sich an den Engel, der sich um das Wohlergehen der Vögel kümmerte, und sprach: «O Leuchtender, wo kann ich hingehen, um Abenteuer zu erleben und meinem Leben ein wenig Sinn geben, denn hier, wo alles nur Güte und Licht ist, tue ich nichts von Bedeutung.»

Der Engel antwortete: «Geduld, braver Hahn, denn Gott der Gnädige und Barmherzige hat deine Aufgabe festgelegt.»

Da putzte der Hahn sein Gefieder, krähte laut vor Stolz und sagte zu den anderen Vögeln: «Bald werde ich einen wichtigen Posten erhalten und euch alle in Erstaunen versetzen.»

Die anderen Vögel sagten: «Bruder, was sind das für Neuigkeiten? Bist du nicht zufrieden mit dem Leben, wie es ist, hier im Sonnenschein des Gartens, unter den mit köstlichsten Früchten beladenen Bäumen?»

Aber der Hahn krähte noch lauter und flog stolzgebläht weit in den Himmel hinauf. Denn in jenen Tagen konnte der Hahn hoch wie der Adler fliegen.

Dann kam der Engel zum Hahn und sagte: «Gott der Gnädige und Barmherzige hat unter uns die Erde geschaffen und Wesen aller Art, Mensch und Tier, darauf versammelt. Du, o Hahn, sollst dich dorthin begeben und die Nachricht von Gottes Größe und Unermeßlichkeit all diesen Wesen überbringen.»

«Die Hühner träumen davon . . .

. . . daß sie Weizen sieben», sagt man in Ägypten. Für die Hühner muß es ein Traum bleiben. Wir Menschen haben es in der Hand, eine reiche Ernte einzufahren, wenn wir das richtige Feld bestellen.

Pfandbrief und Kommunalobligation

Meistgekaufte deutsche Wertpapiere - hoher Zinsertrag - bei allen Banken und Sparkassen

Verbriefte Sicherheit

«Soll ich denn ein Bote sein?» rief der Hahn. «Der Überbringer einer unvergleichlich wunderbaren Botschaft?»

«Nein, nein», sagte der Engel. «Fliege nur einmal hin und zurück, und sage den Menschen, Tieren und Vögeln dort unten, daß morgen der erste Tag heraufdämmern wird. Du sollst krähen, so laut du kannst, und die Erhabenheit von Gott dem Einen verkünden. Dann mußt du sogleich wieder zurückkehren. Ich bin angewiesen worden, dir diesen Auftrag zu erteilen.»

Also flog der Hahn zur Erde, als der erste Morgen anbrach. Mit seiner lautesten Stimme rief er den Neuerschaffenen zu: «O Menschen, Tiere und Vögel, Gott hat mich gesandt, um euch auf der Welt willkommen zu heißen, und auch, um euch zu sagen, daß ich, der Herold von Gottes Tag, der Vogel mit der lautesten Stimme im Garten des Paradieses, vor allen anderen mit dieser Aufgabe betraut worden bin.»

Erstaunt verbeugten sich die Menschen, Tiere und Vögel, die ihn hörten, vor ihm bis auf die Erde und huldigten ihm.

Der Hahn flog hoch in die Luft und demonstrierte sein Geschick als Flieger, und sein Herz platzte vor Stolz.

Als der Abend kam, war er vom vielen Fliegen und sich selbst Zurschaustellen so müde, daß er einschlief und vollständig vergaß, zurück zum Garten Gottes zu fliegen.

Mehrere Tage vergingen; jeden Morgen weckte der Hahn alle Welt mit seinem schmetternden Ruf, und immer noch wurde er mit Ehrerbietung behandelt.

Bald schon begann sich der Hahn für die bedeutendste Kreatur in der neuerschaffenen Welt zu halten und stolzierte unter den neuen Menschen auf und ab, schüttelte seine Federn und blickte hochmütig um sich.

Doch eines Tages erinnerte er sich an die Worte des Engels und dachte bei sich: «Besser, ich fliege jetzt so schnell wie möglich ins Paradies zurück; ich habe das Gefühl, daß ich ein wenig zu lange auf der Erde geblieben bin.»

Er ließ einen lauten Ruf erschallen, zog die Beine unter sich ein und flatterte mit den Flügeln, um abzuheben.

Aber obwohl er es immer wieder versuchte, er hatte keine Kraft in den Flügeln mehr. Nur ein paar Meter konnte er sich erheben, dann fiel er wieder auf die Erde zurück.

Und so kam es, daß der übermäßige Stolz des Hahns zu seinem Verderben wurde, und seine Vergeßlichkeit von Gottes Wort machte ihn zum Gefangenen auf der Erde. Deshalb wird man oft den Hahn seine Flügel gegen die Brust schlagen sehen bei dem Versuch, seine einstige Schnelligkeit wiederzuerlangen, aber niemals fliegt er höher als der Gartenzaun.

Die Eulen und der Falke des Königs

Ein Falke des Königs landete für kurze Zeit auf den Mauern einer Ruine, die von Eulen bewohnt war.

Die Eulen fürchteten sich vor ihm und versuchten, sich zu verstecken. Der Falke sprach beruhigend: «Euch mag es vielleicht so vorkommen, als ob dies ein blühender und aufstrebender Ort ist, aber mein Platz ist auf dem Arm eines Königs.»

Die Eulen sprachen untereinander: «Glaubt ihm kein Wort! Das ist nur eine List, mit deren Hilfe er sich unseres Heimes bemächtigen will!»

Beweis muss sein

Es war einmal ein Fuchs, der im Wald einem jungen Kaninchen begegnete. Das Kaninchen sagte: «Wer bist du?» Und der Fuchs antwortete: «Ich bin ein Fuchs, und wenn ich wollte, könnte ich dich fressen.»

«Wie kannst du beweisen, daß du ein Fuchs bist?» fragte das

Kaninchen. Der Fuchs wußte darauf keine Antwort, denn in der Vergangenheit waren die Kaninchen immer davongelaufen, ohne solche Forderungen zu stellen.

Dann sagte das Kaninchen: «Wenn du mir einen schriftlichen Beweis bringst, daß du ein Fuchs bist, dann glaube ich dir.»

Also machte sich der Fuchs auf den Weg zum Löwen, der ihm ein Dokument gab, mit dem Nachweis, daß er ein Fuchs sei.

Als er zu dem Kaninchen zurückkehrte, begann der Fuchs mit der Verlesung des Dokuments. Es gefiel ihm so sehr, daß er die einzelnen Absätze genußvoll und langsam rezitierte. Währenddessen begriff das Kaninchen den Kern der Botschaft und verschwand auf Nimmerwiedersehen in einem Erdloch.

Der Fuchs ging wieder zur Behausung des Löwen zurück, wo gerade ein Reh mit dem Löwen sprach. Das Reh sagte:

«Ich möchte einen schriftlichen Beweis dafür, daß du ein Löwe bist...»

Der Löwe antwortete:

«Wenn ich nicht hungrig bin, ist es nicht der Mühe wert. Wenn ich hungrig *bin*, dann hast du für Schriftliches keine Verwendung mehr.»

Der Fuchs sagte zum Löwen: «Warum hast du mir nicht gesagt, daß ich dasselbe sagen soll, als ich dich um das Dokument für das Kaninchen bat?»

«Mein lieber Freund», sagte der Löwe, «du hättest mir sagen sollen, daß ein Kaninchen dieses Papier von dir verlangte. Ich habe geglaubt, es sei für irgendein schwachsinniges menschliches Wesen bestimmt, von dem einige leicht geistesgestörte Tiere diesen Zeitvertreib abgeschaut haben.»

Es war einmal ein kleines Mädchen, das ganz allein im Wald bei seinen Eltern aufwuchs. Eines Tages entdeckte es, daß seine Eltern gestorben waren und daß es nun für sich selbst sorgen mußte. Die Eltern des Mädchen hatten ihr ein Mihrab hinterlassen, ein merkwürdiges, geschnitztes Ornament, das wie ein Fensterrahmen aussah und an einer Mauer in ihrer Hütte hing.

«Ich bin ja jetzt allein», dachte Fatima, «und muß in diesem Wald überleben, wo die einzigen Lebewesen die Tiere sind, und deshalb wäre es wohl das beste, wenn ich mit ihnen reden und ihre Sprache verstehen könnte.»

So verbrachte sie viel Zeit damit, diesen Wunsch an den Rahmen an der Wand zu richten: «Mihrab, gib mir die Kraft, die Tiere zu verstehen und ihre Sprache zu sprechen.»

Nach langer Zeit hatte sie plötzlich das Gefühl, sie könnte nun mit den Vögeln, Tieren und sogar mit den Fischen sprechen. Da ging sie hinaus, um es einmal auszuprobieren.

Bald kam sie an einen Teich. Ein Wasserläufer sauste auf seiner Oberfläche hin und her, ohne ins Wasser einzutauchen. Mehrere Fische schwammen im Wasser, und am Teichboden hafteten Schnecken.

Um ein Gespräch in Gang zu bringen, sagte Fatima: «Wasserläufer, warum tauchst du nicht ins Wasser ein?»

«Warum sollte ich, einmal angenommen, daß es möglich wäre, was es nicht ist?»

«Weil du vor den Vögeln sicher wärest, die auf dich herniederstoßen und dich fressen.»

«Noch bin ich nicht gefressen worden, oder?» sagte der Wasserläufer.

Und das war auch schon das Ende der Konversation.

Dann sprach Fatima zu den Fischen: «Fisch», sagte sie durch das Wasser hindurch, «warum findest du nicht heraus, wie du nach und nach das Wasser verlassen kannst? Ich habe von Fischen gehört, die das fertigbringen.»

«Völlig unmöglich», sagte der Fisch, «niemand hat das je getan und überlebt. Wir wurden in dem Glauben erzogen, daß es eine Sünde und tödliche Gefahr ist.»

Er drehte ihr den Rücken zu und tauchte hinab in den Schatten, nicht willens, sich weiterhin solchen Unsinn anzuhören.

Da rief sie zur Schnecke hinunter: «Schnecke, du könntest doch aus dem Wasser kriechen, um feine Kräuter zu fressen zu finden. Ich habe gehört, daß Schnecken das wirklich tun können.»

«Eine Frage beantwortet man am besten mit einer Frage, wenn sie von einer klugen Schnecke gestellt wird», sagte die Schnecke, «vielleicht bist du so freundlich und erklärst mir ganz genau, warum dich mein Wohlergehen so interessiert? Ich denke, man sollte sich um die eigenen Probleme kümmern.»

«Nun», sagte Fatima, «ich glaube, das liegt daran, daß man jemandem helfen will, zu Höherem zu gelangen, wenn man selbst mehr sieht als jener.»

«Das scheint mir eine reichlich absurde Vorstellung zu sein», sagte die Schnecke und kroch außer Hörweite unter einen Felsen.

Fatima ließ den Wasserläufer, den Fisch und die Schnecke zurück und wanderte auf der Suche nach jemandem, mit dem sie sprechen konnte, weiter in den Wald hinein. Dabei hatte sie das Gefühl, daß sie doch irgend jemandem von Nutzen sein müsse. Schließlich war sie doch weit gebildeter als diese Waldbewohner. So glaubte sie beispielsweise, daß man einen Vogel dazu anhalten könne, Nahrung für den Winter zu speichern oder in der Nähe einer warmen Hütte zu nisten, um größere Überlebenschancen zu haben.

Aber sie konnte keinen Vogel entdecken. Statt dessen gelangte sie zu der Hütte eines Köhlers. Der alte Mann saß vor seiner Hütte und brannte Holzkohle, um sie zum Markt zu bringen. Fatima war glücklich, ein menschliches Wesen zu sehen – neben ihren Eltern das einzige, dem sie bisher begegnet war. Sie rannte auf ihn zu und berichtete ihm von den Erlebnissen des Tages.

«Mach dir keine Sorgen darüber, mein Kind», sagte der freundliche alte Mann. «Es gibt Dinge, die ein Mensch lernen muß, und diese Dinge sind sehr wichtig für seine Zukunft.»

«Dinge, die man lernen muß?» sagte Fatima. «Und was soll ich wohl damit anfangen, wenn die Frage gestattet ist? Sie würden doch nur meine Lebens- und Denkart verändern.»

Und genau wie der Wasserläufer, der Fisch und die Schnecke ging sie fort und ließ so die Begegnung mit dem Köhler zu Ende kommen.

Fatima, die Tochter Walias, brauchte noch dreißig Jahre, wie auch der Wasserläufer, der Fisch und die Schnecke, bevor sie überhaupt etwas lernte.

Der indische Vogel

Ein Kaufmann hielt sich einen Vogel in einem Käfig. Eines Tages wollte er eine Reise nach Indien unternehmen, in die Heimat des Vogels, und so fragte er ihn, ob er ihm etwas mitbringen könne. Der Vogel hatte keinen besonderen Wunsch, bat aber statt dessen um seine Freiheit. Der Kaufmann verweigerte sie ihm. Da äußerte der Vogel eine weitere Bitte: Der Kaufmann möge in Indien ein bestimmtes Dschungelgebiet aufsuchen und den freien Vögeln, die dort lebten, von seiner Gefangenschaft berichten.

Das tat der Kaufmann, als er in Indien angelangt war, und kaum hatte er zu Ende gesprochen, als ein Wildvogel von derselben Art wie sein eigener wie tot aus einem Baum zu Boden fiel.

Der Kaufmann war traurig, weil er den toten Vogel für einen Verwandten seines eigenen hielt.

Als er nach Hause kam, fragte ihn der Vogel, ob er gute Nachrichten aus Indien mitbringe.

«Nein», sagte der Kaufmann, «ich fürchte, ich habe schlechte Nachrichten für dich. Einer deiner Verwandten brach tot zusammen, als ich von deiner Gefangenschaft berichtete.»

Kaum hatte er diese Worte gesprochen, da brach auch der Vogel des Kaufmanns zusammen und fiel auf den Boden des Käfigs.

«Die Nachricht vom Tod seines Verwandten hat auch ihn getötet», dachte der Kaufmann. Betrübt hob er den Vogel auf und legte ihn auf die Fensterbank.

Sogleich wurde der Vogel quicklebendig und flog auf einen nahen Baum.

«Nun verstehst du wohl», sagte der Vogel. «Was du als Unglück betrachtet hast, war in Wirklichkeit eine gute Nachricht für mich. Die Botschaft, der gute Rat, wie ich mich verhalten muß, um die Freiheit wieder zu erlangen, wurde mir von dir selbst, der mich in Gefangenschaft hielt, überbracht.»

Der Vogel und das Ei

Es war einmal ein Vogel, der nicht fliegen konnte, denn solche gibt es auf dieser Welt tatsächlich. Wie ein kleines Küken trippelte er auf der Erde und pickte sich hier und da seine Nahrung zusammen. Natürlich wußte er, daß es Vögel gibt, die fliegen konnten, aber er war auch so mit seinem Los ganz zufrieden.

Durch eine Verkettung merkwürdiger Umstände geschah es nun, daß er das Ei eines fliegenden Vogels ausbrütete.

Zur rechten Zeit schlüpfte das Küken aus, geboren mit der latenten Fähigkeit zu fliegen.

Eines Tages wandte es sich zu seiner Pflegemutter und sagte: «Wann kann ich fliegen?»

Und sie antwortete: «Du mußt es nur immer wieder versuchen wie die anderen auch.»

Denn sie hatte keine Ahnung, wie sie dem kleinen Vogel, der nun eigentlich flügge war, Unterricht erteilen sollte, nicht einmal, wie sie ihn aus dem Nest werfen sollte, damit er es lerne.

Seltsam war, daß der junge Vogel das nicht begriff. Seine Einsicht in die Situation war dadurch getrübt, daß er Dankbarkeit für seine Pflegemutter empfand, die ihn ausgebrütet hatte.

«Ohne ihre Hilfe», so dachte er bei sich, «wäre ich wahrscheinlich immer noch im Ei.»

Und dann wieder dachte er:

«Jeder, der die Fähigkeit zum Brüten hat, wird mir auch das Fliegen beibringen können. Es ist vielleicht nur eine Frage der Zeit, und dann geht es von selbst. Oder ich bin einfach zu dumm zum Fliegen. Oder irgendeine erhabene Weisheit verbirgt sich in dieser Entwicklung. Ja, so wird es sein. Eines Tages werde ich ganz plötzlich auf die nächste Stufe meiner Entwicklung geführt werden und von eben demjenigen, der mich bis hierher gebracht hat.»

Die Ameise und die Libelle

Eine Ameise, die eine feste Absicht im Leben hatte, warf gerade einen Blick auf den Nektar einer Blüte, als eine Libelle geflogen kam, um von der Blüte zu nippen. Sie flatterte auf, kam zurück und ließ sich ein zweites Mal auf der Blüte nieder.

Beim zweitenmal sagte die Ameise:

«Du lebst, ohne dich anzustrengen, und ohne Absicht im Leben. Da du kein echtes Ziel im Leben verfolgst, worin besteht das herausragende Merkmal deines Lebens – und wo wird es hinführen?»

Die Libelle antwortete:

«Ich bin glücklich, und Lebenslust ist mein Sinn, das ist Existenz und Absicht genug für mich. Mein Ziel ist, kein Ziel zu haben. Du magst planen, soviel es dir beliebt; daß es etwas Besseres gibt, davon kannst du mich nicht überzeugen. Du verfolgst deinen Plan, ich verfolge meinen.»

Die Ameise dachte bei sich:

«Was für mich sichtbar ist, ist unsichtbar für die Libelle. Sie weiß nicht, was mit Ameisen geschieht. Ich weiß, was mit Libellen geschieht. Sie verfolgt ihren Plan, ich verfolge meinen.»

Und die Ameise machte sich auf ihren Weg, denn sie hatte, soweit es die Umstände zugelassen haben, ihren Rat erteilt.

Einige Zeit später kreuzten sich wieder ihre Wege.

Die Ameise hatte einen Metzgerladen entdeckt und verharrte nun unauffällig unter dem Metzgerblock, in Erwartung dessen, was da kommen möge.

Die Libelle erspähte das Fleisch von hoch droben, segelte herab und ließ sich auf dem Fleisch nieder. In diesem Augenblick sauste das Beil des Metzgers herab und teilte die Libelle in zwei Hälften.

Die eine Hälfte rollte zu Boden, der Ameise vor die Füße. Während sie die Leiche aufhob und damit begann, sie zu ihrem Nest zu schleppen, sprach sie zu sich selbst:

«Ihr Plan ist beendet, meiner geht weiter. ‹Sie verfolgt ihren Plan› geht zu Ende, ‹Ich verfolge meinen Plan› beginnt einen neuen Kreislauf. Stolz schien wichtig – er war doch nur ein vergängliches Ding. Ein Leben des Fressens, beendet durch das Gefressenwerden durch einen anderen. Als ich ihr das anzudeuten versuchte, hielt sie mich nur für einen Spielverderber.»

Der Fuchs und die Vögel

Es war einmal ein Fuchs, der sich entschlossen hatte, seine üblichen Jagdgewohnheiten aufzugeben. Ohne zu erkennen, daß er sein Inneres nicht durch einen Wandel seines Äußeren verändern konnte, glaubte er tatsächlich, daß er sich Verdienste erwerben und anderen Tieren nichts mehr zuleide tun würde, wenn er ihnen sagte, was sie zu tun und zu lassen hätten. Mit einem Wort, er hatte das Gefühl, einen Wesenswandel durchgemacht zu haben.

Seine Vorträge vor allem Volk und sein scheinbar heiligmäßiger Lebenswandel zog viele an, besonders die Vögel; denn wie jeder weiß, neigen Vögel dazu, nach Äußerlichkeiten zu urteilen und sich ihrer Unzulänglichkeiten zu schämen.

Als erste bewarb sich die Krähe beim Fuchs um Unterweisung, und der Fuchs nahm sie mit zu seinem Bau in den Bergen. Danach kam der Hahn und zuletzt die Eule.

Der Fuchs sprach nacheinander mit jedem von ihnen. Zur Krähe sagte er: «Du lebst von toten Körpern, und obwohl du glaubst, du könntest bereuen, ist nur der Tod gut genug für dich.» Und er packte die Krähe, tötete und fraß sie.

Am nächsten Tag ließ der Fuchs den Hahn kommen. «Bereust du deine Streitlust, deine wollüstigen Neigungen und deinen Stolz?» fragte er.

«Ja, so ist es. Ich verzichte auf alles und möchte nun lernen, wie ich mich verbessern kann, um den Pfad der Auserwählten beschreiten zu dürfen.»

«Ich werde dich bestrafen, wie du es verdienst», sagte der Fuchs. Er packte den Hahn, um ihm Schläge zu verabreichen, aber als ihm der Geruch der Federn in die Nase stieg, konnte er sich nicht mehr beherrschen und tötete den Vogel. «Auch gut», sagte der Fuchs, «jeder weiß, daß Hähne unverbesserlich sind.»

Schließlich war die Eule an der Reihe. «Eule», sagte der Fuchs, «ich weiß, du möchtest dich verbessern, aber auch wenn du glaubst, daß du bereut hast, mußt du dennoch den Beweis dafür liefern. Hör mir zu, während ich von Mäusen und Spatzen spreche, und ich werde dich dabei beobachten.»

Der Fuchs begann, von köstlichen Mäusen und Spatzen zu reden, und sah, wie sich die Eule trotz aller guten Vorsätze die Lippen leckte. Und zur gleichen Zeit, wie der Fuchs merkte, daß es der Eule nicht gelungen war, sich von ihren Gewohnheiten zu trennen, lief ihm selbst das Wasser im Mund zusammen. Bevor er wußte, was er tat, sanken seine Zähne in das Genick der Eule.

Er hatte dabei das Gefühl, eine gute Tat zu tun, und sprach zu sich selbst: «Zweifellos werde ich mir ewige Verdienste erwerben, indem ich die Welt von diesem prinzipienlosen Mörder befreie.»

Es geht um Leben und Tod

Sam, der Biber, kletterte auf einen großen Zweig, um ihn abzunagen. Ein Nachbar kam vorbei, entdeckte ihn im Baum und rief: «He Sam, du sitzt auf der falschen Seite vom Ast. Du wirst mit ihm zusammen runterkrachen.»

«Bin ich ein Depp, daß ich dir glauben soll? Oder bist du ein Hellseher, weil du die Zukunft vorhersagen kannst?» fragte Sam, der Biber.

Kurz darauf gab der Ast nach, und Sam landete höchst unsanft auf dem harten Boden. Er beeilte sich, seinen Nachbarn einzuholen. «Deine Weissagung ist eingetroffen! Jetzt sag mir noch, wie werde ich sterben?»

Der Nachbar bemühte sich sehr, aber er konnte Sam nicht davon überzeugen, daß er kein Hellseher sei. Schließlich verlor er die Beherrschung und sagte: «Von mir aus kannst du auch genau jetzt sterben.»

Kaum hatte er diese Worte gehört, fiel Sam um und lag totenstill da. Die ganze Biberfamilie lief zusammen, hob Sam in einen

Sarg und trug ihn zum Friedhof. Während sie traurig dahingingen, debattierten sie, welches der kürzeste Weg zum Friedhof sei. Sam verlor die Geduld. Er hob seinen Kopf aus dem Sarg und sagte: «Als ich noch lebte, bin ich immer hier *links* abgebogen – das ist der schnellste Weg.»

Die Opposition legt ein Ei

Der weiße Ballon eines Kindes segelte eines Tages in einen Hühnerstall und blieb neben dem Chef im Ring, dem Hahn, auf dem Boden liegen. Zufällig blickte er in diesem Augenblick nach oben und sah eine Ente vorüberfliegen.

Zuerst starrte er den Ballon an. Dann spazierte er zu den Hennen ins Hühnerhaus.

«Meine Damen», sagte er, «habt ihr auch nur die geringste Vorstellung davon, zu welchen Dingen die Opposition fähig ist?»

Die Geschichte von Harry und Oskar

Am Anfang war alles so einfach ...

Denn Harry und Oskar wußten von nichts.

Rein gar nichts.

Harry und Oskar waren nämlich zwei winzige Lebewesen, Amöben genannt, die nur aus einer einzigen Zelle bestehen. Sie lebten in einer Pfütze vor ihrer Haustüre. Vielleicht aber auch ganz woanders.

Das war Harry und Oskar aber auch ganz egal. Denn sie wußten ja von nichts.

Sie waren einfach nichts und niemandem wichtig, die beiden, fast nicht einmal sich selbst. Wären sie gestorben, bevor ihre Geschichte beginnt, keiner hätte eine Träne für sie vergossen. Höchstens im Kongo, ganz weit weg, hätte sich ein Affe statt am linken am rechten Ohr gekratzt. So unwichtig waren sie im Gefüge unseres Universums.

Gestern und morgen, heute und vielleicht irgendwann, woher und wohin, das war ihnen ganz egal. Worte wie «Zeit», «Absicht», «Schönheit» und «Tod» waren ihnen unbekannt, um nicht zu sagen, schnurzpiepegal.

Eine einzige Sache war ihnen irgendwie doch nicht egal: das Überleben. Jedenfalls war es das, womit sie den lieben langen Tag und auch die ganze Nacht zubrachten. Ein bißchen schlukken hier, ein bißchen verdauen dort, ein paar Stoffwechselprodukte von sich laden von Zeit zu Zeit.

Was Harry erst recht nicht wußte, war, daß es Oskar gab. Und Oskar wußte nicht, daß es Harry gab. Er wußte nicht einmal – Harry übrigens auch nicht –, daß er ein Einzeller war, eine kleine, ungefähr runde, recht verwundbare Kugel, die bis zum Rand mit «Überleben» und dem Wechsel von Stoffen deshalben angefüllt war.

Von der Schönheit einer mondlosen Sternennacht an einem einsamen Strand in Neuseeland wußte er, wußten beide nichts.

Vom Glanz des Sonnenlichts, das sich in einem Tautropfen am Fuß eines Mammutbaums in Nordkalifornien bricht: Sie wußten nichts davon.

Sie wußten nichts von Licht und Freundschaft.

Und es war ihnen ja auch alles piepegal. Und wenn sie nicht gestorben sind ...

Doch halt! Aus den beiden soll ja eine Geschichte werden, und wenn wir sie jetzt verlassen, könnten sie ja auch uns ganz egal sein.

Lehnen wir uns also zurück und schauen wir zu, wie sich die ganze Sache entwickelt.

Das Schicksal will es, daß sich Harry und Oskar eines Tages begegnen. Und was tun die beiden? Das übliche natürlich. Nach Austausch angemessener Höflichkeitsfloskeln («Wie geht's der gnädigen Frau?» etc., etc.), nach einigen Bierchen und Klaren und Trinksprüchen und ähnlichen Überflüssigkeiten trennen sich die beiden wieder und kümmern sich ums Überleben.

Und nun geschieht das Außergewöhnliche: Harry, der schon immer einen Hang zum Intellektuellen hatte, beginnt, einen Gedanken zu formen! Kaum zu glauben, aber wahr.

Drei Tage lang widmete er sich in seiner knapp bemessenen Freizeit diesem schwierigen Unterfangen, dann war es soweit. Der Gedanke war folgender: «Hey! Ich bin nicht mehr allein. Ich habe einen Bekannten. Der Kerl heißt Oskar und ist eigentlich ganz in Ordnung.»

Die gewaltige Anstrengung hatte Harry völlig erschöpft. Ungewohnt, das Ganze.

Und ganz, ganz tief verborgen im letzten Winkel ihrer Molekülstruktur, in Harrys und Oskars winzigen Seelen wachte Etwas *auf, ohne in ihrem kaum vorhandenen Bewußtsein die geringsten Spuren zu hinterlassen. Wie ein Ameisenbaby, das tief im Bergwerk in seinen Windeln strampelt. Was kümmert das den Berg?*

Nach drei Minuten unserer Zeitrechnung traf Oskar Harry zufällig wieder. Kaum daß sich die beiden wiedererkannten. «Harry war der Name, richtig? Alter Knabe, wie geht's? Was hältst du davon, laß uns um die Häuser ziehen und ein bißchen auf den Putz hauen!» sagte Oskar.

«Meine Rede, meine Rede», sagte Harry, und so geschah es auch.

Und seltsam, ihre Gemeinsamkeit schien eine magnetische Wirkung auf einige, was sag ich, eine ganze Horde von Einzellern auszuüben, die sich ihnen ohne Federlesen anschlossen.

Und wie sie die Puppen tanzen ließen! Ist ja auch eine Sache, wenn man plötzlich einen Haufen guter Kumpels hat, mit denen Pferdestehlen kein Problem mehr ist. Wenn sie nur gewußt hätten, was «Pferde» sind ...

Viele, viele durchzechte Nächte und ebenso viele dicke Köpfe und verkaterte Tage später raffte sich Harry, einer plötzlichen Eingebung folgend, auf und schwang eine Rede:

«Spezis, so geht's irgendwie nicht weiter! Wird Zeit, daß wir ein bißchen erwachsener werden. Laßt uns was einfallen, wie wir zu Kohle kommen können. Und Money makes the world go round, wie ihr alle wißt!»

Für die Hälfte seiner Kumpane war das das Signal, sich schleunigst aus dem Staub zu machen. Was der Knabe da vorschlug, roch verdammt nach Arbeit! Nichts wie weg!

Oskar schloß sich den Abtrünnigen an. Er murmelte etwas von «sich selbst treu bleiben» und «Schuften ist nicht mein Fall» zu Harry und verabschiedete sich kurz und schmerzlos.

Harry war ein bißchen sauer darüber, aber der Enthusiasmus seiner getreuen Gefährten brachte ihn gleich auf andere Gedanken. *Organisieren* war die Parole!

Harry hatte schon einen Plan. Alle Einzeller, die noch übrig waren, sollten auf eine ganz bestimmte, genau festgelegte Weise zusammenarbeiten. Aufgaben wurden verteilt, je nach Talenten, Neigungen und Fähigkeiten.

Ihr Zusammenschluß ergab von außen betrachtet eine merkwürdige Form, mit bloßem Auge deutlich erkennbar.

Die Form einer menschlichen Leber.

«Kameraden, oder besser, Kollegen! Recycling ist in! Wir werden Blut entgiften und in Geld schwimmen, wenn wir unseren Job gut machen. Also, Leute, Filtern ist angesagt!»

Und sie gingen ans Werk. Schon nach den ersten Tagen und Wochen gemeinsamer Arbeit merkte Harry, daß er sich verändert hatte. Er bildete zusammen mit unzähligen Einzellern eine Leber, etwas Größeres als er selbst, und begann nun, das Leben und seine «Welt» mit anderen Augen zu sehen, mit den Augen einer Leber, die ihre Aufgabe hatte und sie gut erledigte. Hier und da gab es kleine Reibereien, Rivalitäten unter den Kollegen, aber die waren meist schnell beigelegt, wenn Harry ihnen klarmachte: «Wir sitzen alle im selben Boot, vergeßt das nicht!»

Sie waren stolz auf ihre Leistungsfähigkeit, besaßen Selbstwert, Selbstbewußtsein, ein neues, erweitertes Wahrnehmungsvermögen, ein Gefühl für Rhythmus und den Wert anständiger und solider Arbeit.

Ihr Horizont hatte sich erweitert.

Woher das zu entgiftende Blut kam, wohin es ging – niemanden interessierte es, der Rubel rollte, das Leben war schön.

Tief in Harrys Seele begann das Etwas *sich zu dehnen und zu strekken und an die Tore seines Bewußtseins zu klopfen. Harry spürte es, ignorierte es, lauschte dann doch und begann nachzudenken:*

«Hm, irgendwas ist nicht ganz so, wie es sein sollte, aber ich krieg's nicht zusammen. Alles läuft gut, wir arbeiten gut zusammen. Kein Grund sich zu beklagen ...»

Er suchte in seinem Wortschatz nach einem Wort, das seine Unruhe beschreiben könnte: «Neugier?», «Abenteuerlust?», das «Unbekannte?». Als er das Wort «Sehnsucht» probierte, schien es zu passen, aber es war ihm irgendwie peinlich, schließlich war er ja ein Intellektueller.

Er entschied sich für «Abenteuerlust» und faßte einen Entschluß. Er würde eine Expedition ausrüsten, hinaus ins Unbekannte, zu den Quellen des Blutstroms, der stetig aus dem Nichts zu ihnen floß und wieder hinaus ins Unbekannte strömte. Mit aller gebotenen Vorsicht würden sie vorgehen und bis an die Zähne bewaffnet.

Warum diese Reise, das konnte Harry nicht genau sagen, und es waren auch nur wenige, die bereit waren, ihm zu folgen.

So geschah's. Unter Harrys Führung machten sie sich auf den beschwerlichen Weg stromaufwärts. Ihre Abenteuer würden ein Buch füllen, aber das soll er selbst schreiben.

Die Entdeckung, die sie schließlich machten und für die sie in das Buch der Geschichte eingingen, war – das Herz! Endlich begriffen sie! Von hier, so glaubten sie, nahm der Blutstrom seinen Anfang. Hierher kehrte er zurück.

Die Leber, und das war unser Harry, hatte das Herz entdeckt. Und das war Oskar!

Es stellte sich heraus, daß auch Oskar des süßen Lebens rasch überdrüssig geworden war und – genau wie Harry – nach einer «Lebensaufgabe» Ausschau gehalten hatte.

Nachdem sie ihr Wiedersehen ausgiebig gefeiert hatten, sagte Oskar: «Harry, erinnerst du dich nicht? Als meine Saufkumpane und ich beschlossen hatten, die Firma ‹Herz› zu gründen, da muß doch bei euch einiges los gewesen sein? Die Druckerhöhung, der neue Rhythmus?»

Harry erinnerte sich. Sie hatten damals mit einigen Schwierigkeiten zu kämpfen, hatten zuerst versucht, die großen Blutlieferungen zu stauen, um ihr bisheriges gemächliches Arbeitstempo einzuhalten. Diese Blockade war jedoch schlimm für alle: Die «große Zellengemeinschaft», wie sie ihren Zusammenschluß manchmal genannt hatten, litt damals zunehmend unter Erschöpfungszuständen, eine hohe Säuglingssterblichkeit und der Rückgang der Zellteilungsrate ließen eine Auflösung ihrer Gemeinschaft befürchten. Erst als sie eine große Anstrengung unternahmen, die gesamte Blutmenge regelmäßig zu entgiften, besserte sich ihr Zustand.

Oskar, das «Herz», lud Harry, die «Leber», ein, seine Firma zu besichtigen. Er war tief beeindruckt. Und ein kleines bißchen eifersüchtig. Die Arbeit des Herzens schien ihm irgendwie «wichtiger» als die seiner eigenen Firma. Bis Oskar ihm lächelnd klarmachte: «Es sieht so aus, Alter, als ob wir aufeinander angewiesen sind. Eure Blockade damals und der damit verbundene Qualitätsverlust eurer Produkte hat uns ganz schön zu schaffen gemacht. Wenn ich mich recht erinnere, gab es bei uns die gleichen Symptome wie bei euch, ohne genau sagen zu können, was für Zusammenhänge es da gibt. Wir hingen in den Seilen, Mann! Besser, wir arbeiten so zusammen wie bisher.»

Nicht ganz wie bisher. Die Erkenntnis, daß Harry und Oskar und alle ihre Gefährten voneinander abhängig waren, was das Wohlergehen ihrer beiden «Völker» betraf, so verschieden sie auch geartet waren, hatte bei beiden tiefgehende Veränderungern zur Folge.

Diese Veränderungen beschreibe ich am besten mit einem Dialog, der zwischen Harry und Oskar stattfand:

«Sind wir jetzt Freunde, Harry?»

«Klar doch, Oskar.»

«In der Verschiedenheit liegt die Kraft!»

Herz und Leber begannen jetzt zusammenzuarbeiten wie nie zuvor. Das Herz pumpte, und die Leber lieferte sauberste Ware zurück. Man ergänzte sich. Tourismus und Warenaustausch zwischen beiden «Kontinenten» liefen auf Hochtouren. Abenteurertum und Entdeckungsfreude wurden nach und nach zum festen Bestandteil des gesellschaftlichen und kulturellen Erbes der beiden Länder.

Und das Etwas *tief in Harrys und Oskars Seelen gab lange Zeit Ruhe.*

Neue Kontinente und Länder wurden mit schöner Regelmäßigkeit entdeckt und mit viel Pomp und Getöse in den Staatenbund aufgenommen:

Die Niere, die «große Wasserader», mit ihrer geheimnisvollen und unheimlichen Fähigkeit, Wasser in nichts zu verwandeln.

Die Milz, die das Rätsel der Produktion und Erneuerung des roten Blutes lüftete.

Magen und Lunge, die auf geheimnisvolle Weise das Blut mit unbekannten Stoffen veredelten und für Nahrung und gute Laune auf allen Kontinenten sorgten.

Das Gehirn und einige kleine Inseln in seiner Nähe, die den Namen «Augen» (die kleinen Zwillingsinseln), «Ohren», «Mund» und «Nase» erhielten, ohne daß man irgendeine Funktion erkennen konnte (außer, daß die Mundinsel und der Magen beste diplomatische Beziehungen unterhielten). Man versorgte sie trotzdem mit dem Nötigsten und nannte sie im allgemeinen die «nutzlosen Nordinseln».

Ein völlig neues Nachrichtennetz wurde nach und nach aufgebaut, das beschwerliche Reisen überflüssig machte und als Informations- und Transportweg diente: die «Nerven».

Die Welt war nun für Harry und Oskar riesengroß geworden

und doch überschaubar geblieben. Für einen jeden barg sie einen ungeheuren Schatz an Wissen und Erfahrungsmöglichkeiten. Lange Zeit wanderten die beiden von Kontinent zu Kontinent, von den «Nordinseln» bis zum «großen Zeh» im tiefsten Süden, wo die Musik am fröhlichsten war.

Harry und Oskar lernten die fremdartigsten Einzeller mit den seltsamsten Aufgaben kennen, lernten, wie sie zu denken und zu fühlen, nahmen ihr Wissen auf.

Sie fühlten sich als Teil eines großen Ganzen, größer, als sie je zu träumen gewagt hatten. Nein, sie *waren* das «große Ganze», sie waren die Welt, der Kosmos, das Universum.

Und doch schien etwas zu fehlen.

Es gab Augenblicke, in denen beide gleichzeitig von einem krampfartigen, wehmutsvollen Schmerz erfüllt waren, durchdrungen von einem Gefühl, nein, von einer Gewißheit, daß etwas unvollständig war. Wie bei einem Maler, der weiß, daß er gerade dabei ist, sein Meisterwerk zu vollenden: die letzten entscheidenden Pinselstriche fehlen noch, und nur die göttliche Eingebung würde sie an die richtige Stelle führen.

Der Schmerz wuchs in beiden und wurde so stark, daß sie ihn nicht mehr ignorieren konnten. Sie «wußten», daß etwas fehlt, und wußten doch gar nichts. Es war fast wie am Anfang, als Harry noch nicht wußte, was ein «Oskar» ist, geschweige denn ein «Herz». Sie führten vorsichtige Gespräche mit ihren Freunden auf allen Kontinenten, auch mit jenen schweigsamen Kerlen von den «nutzlosen» Nordinseln. Und stellten zu ihrer Erleichterung fest, daß sie mit ihrem Gefühl nicht allein waren.

Doch was tun?

Es war doch alles schon «getan»: Die Grenzen des Universums waren ausgelotet, die Völker der «Welt» waren zufrieden, man lebte in Harmonie zusammen, kleinere Reibereien ausgenommen. Die scheinbar aus dem Nichts kommenden Invasionen feindlicher Einzeller wurden regelmäßig zurückgeschlagen, das allgemeine Bildungsniveau war hoch.

Doch das Gefühl des Verlustes wankte und wich nicht.

Eines Tages, bei einem ihrer unregelmäßigen Treffen im Kreise ihrer Freunde aus allen Teilen der «Welt», erhob zum erstenmal der schweigsame Repräsentant der «nutzlosen Nordinseln» seine Stimme und sprach:

«Vielleicht hat es keine Bedeutung, aber ich sollte euch vielleicht doch einmal erzählen, was mir vor langer Zeit geschehen ist und was ich seither nicht mehr vergessen konnte.

Bei einer meiner langen Wanderungen landete ich eines Tages auf den scheinbar unbewohnten ‹Ohreninseln› und bestieg der besseren Aussicht wegen einen der großen Vulkane, die sich jeweils in ihrer Mitte erheben. Und ob ihr es glaubt oder nicht, plötzlich hörte ich laut und deutlich eine Stimme, die etwas mir völlig unverständliches erzählte. Ich habe mir jedes Wort gemerkt und werde euch berichten, was die Stimme sagte. Vielleicht könnt ihr etwas damit anfangen:

Die Menschen (ich sage euch, ich habe keine Ahnung, was damit gemeint war) *werden erst zur Weisheit gelangen und erwachen, wenn sie den Sinn der Geschichte von der Sandwüste verstanden haben:*

Ein Strom floß einst von seiner Quelle in fernen Gebirgen durch sehr verschiedene Landschaften und erreichte schließlich die große Sandwüste. So, wie er alle anderen Hindernisse überwunden hatte, versuchte der Strom nun auch, die Wüste zu durchqueren. Er merkte bald, daß seine Wasser verschwanden, sobald er in den Sand floß.

Er war jedoch überzeugt davon, daß es seine Bestimmung sei, die Wüste zu durchqueren, auch wenn es keinen Weg gab. Da hörte er, wie eine verborgene Stimme, die aus der Wüste kam, ihm zuflüsterte: ‹Der Wind durchquert die Wüste, und der Strom kann es auch.›

Der Strom wandte ein, daß er sich doch gegen den Sand werfe, aber der Sand sauge ihn immer wieder auf. Der Wind aber könne fliegen, und deshalb schaffe er es, die Wüste zu durchqueren.

‹Wenn du dich auf die gewohnte Weise voranschiebst, wird es dir unmöglich sein, sie zu überqueren. Du wirst entweder verschwinden, oder du verwandelst dich in einen stinkenden Sumpf. Du mußt dem Wind erlauben, dich zu deinem Ziel hinüberzutragen.›

‹Aber wie soll das zugehen?›

‹Indem du dich von ihm aufnehmen läßt.›

Dieser Gedanke war für den Fluß unannehmbar. Schließlich war er noch nie zuvor aufgesogen worden. Er wollte um keinen Preis seine Individualität verlieren. Denn wenn man sie einmal verloren hat, wie kann man da wissen, ob man sie je zurückgewinnt.

‹Das ist genau die Aufgabe des Windes›, sagte der Sand, ‹er nimmt Wasser auf, trägt es über die Wüste und läßt es dort wieder fallen. Es fällt als Regen und wird wieder zum Fluß.›

‹Woher weiß ich, ob das stimmt?›

‹Es ist so, und wenn du es nicht glaubst, kann aus dir nicht mehr werden als ein Sumpf. Und auch das könnte viele, viele Jahre dauern, und es ist gewiß nicht vergleichbar mit einem Fluß.›

‹Aber kann ich der gleiche Fluß bleiben, der ich heute bin?›

‹In keinem Falle kannst du bleiben, was du bist. Was das wahrhaft Wesentliche an dir ist, wird fortgetragen und bildet wieder einen Strom. Heute trägst du deinen Namen nach dem, was du jetzt gerade bist, weil du noch nicht weißt, welcher Teil von dir das Wesentliche ist.›

Harry und Oskar lauschten der Geschichte, und mit jedem Wort wurde das seltsame Gefühle in ihnen stärker, obwohl sie nur eine vage Vorstellung davon hatten, was «Wüste», «Wind», «Mensch» und «Regen» bedeuteten. Der Mann der «Nordinseln» fuhr fort:

Als der Strom dies hörte, stieg in seinem Inneren langsam ein Widerhall auf. Dunkel erinnerte er sich an einen Zustand, in dem ein Luftstrom ihn – oder war es ein Teil von ihm? – auf seinen Schwingen getragen hatte. Er erinnerte sich auch daran – tat er es wirklich? –, daß dies seine wahre Aufgabe war, im Gegensatz zur sichtbaren.

Und der Strom ließ Dunst und Dampf aufsteigen und begab sich in die Arme des Windes, die ihn willkommen hießen und ihn sanft und leicht aufwärts trugen. Nach vielen, vielen Meilen, als sie den Gipfel des Gebirges erreicht hatten, ließ ihn der Wind wieder sachte herabfallen.

Und gerade weil er so voller Zweifel gewesen war, konnte sich der Strom um so deutlicher erinnern und die Erfahrungen in seinem Geist festhalten. Er dachte: ‹Ja, jetzt habe ich mein wahres Wesen erkannt.›

Der Strom lernte. Aber die Sandwüste flüsterte: ‹Ich weiß es, weil ich sehe, wie es sich Tag für Tag ereignet. Denn ich, die Sandwüste, dehne mich aus vom Fluß bis zum Gebirge.›

«Das habe ich gehört. Mehr ist dazu nicht zu sagen», sprach der Freund von den «Nordinseln». Keiner der anderen rührte sich, alle waren in Gedanken versunken.

Harry und Oskar bemerkten die kleine Veränderung als erste: Anfangs hatten sie noch eine Front gegenüber dem «Nordmann» gebildet, der Erzähler und sein Publikum. Jetzt saßen sie, ohne sich an ihre Bewegung erinnern zu können, im Kreis. Der Kreis hatte sich nicht um den «Nordmann» herum formiert, sondern ihn zu seinem Bestandteil gemacht.

Sie bildeten einen Ring.

Dann allmählich ... Ein schwaches, dann immer stärker werdendes Leuchten hüllte ihre kleinen Zellkerne ein, bläulich schimmernd, und verband sich dann mit dem Leuchten der anderen zu einem strahlenden Ring.

Genau im gleichen Augenblick brachen die Vulkane auf den «Augeninseln» aus.

Die Augen öffneten sich.

Harry und Oskar waren zwei winzige, ungefähr runde Einzeller, die von nichts gewußt hatten und von nichts wissen wollten.

So hat die Geschichte angefangen.

Etwas hat sie dann auf eine lange, lange Reise geführt. Oft war die Angst ihr einziger Weggefährte gewesen. Die Angst, sich selbst zu verlieren, ihre «Identität» zu verlieren, zu sterben. Und irgendwie war es ja auch ein kleiner «Tod» gewesen, als Harry in der Leber aufging und Oskar im Herz, als Harry und Oskar zu einer Einheit mit allen anderen Kontinenten und Inseln verschmolzen. Aber jedesmal war etwas Größeres entstanden, begleitet von einem Zuwachs an Möglichkeiten und Fähigkeiten, von einer neuen und reicheren Wahrnehmung ihrer «Welt».

Dennoch waren Harry und Oskar irgendwie «sie selbst» geblieben, besaßen ein Bewußtsein ihrer Einmaligkeit und Bedeutung für das Ganze.

Je mehr sie von sich hergegeben hatten, desto reicher waren sie geworden.

Das Licht, das durch die Augen hereinströmte und auch noch die letzten verborgenen Winkel der südlichen Länder erleuchtete, blendete sie.

Die Freunde standen auf und verabschiedeten sich im Bewußtsein, daß ein Abschied gar nicht möglich war. «An die Arbeit, Freunde, da draußen warten noch Welten darauf, entdeckt zu werden», sagte Harry.

Halb zu Harry gewandt murmelte der Mann von den jetzt nicht mehr ganz so nutzlosen «Nordinseln»: «Die Stimme hat noch zu mir gesagt: *‹Was den Strom und den Wind und die Sandwüste verbindet, nennt man Liebe.›*»

...und wenn sie alle nicht gestorben sind, dann zeigen sie uns auch heute noch, wo der Lichtschalter ist.

Allen denjenigen unter meinen Lesern, die von dem besonderen Geschmack, den die Geschichten auf ihrer Zunge hinterlassen haben, hungrig nach «mehr» geworden sind, stellte ich hier eine kleine Liste von Büchern vor, die den gleichen Geschmack (und den gleichen Nährwert) enthalten:

Arthur Deikmann,	*Therapie und Erleuchtung* Rowohlt Taschenbuch/Reinbek
Idries Shah,	*Das Zauberkloster* Rowohlt Taschenbuch/Reinbek
Ron Fischer,	*Spione des Herzens* Droemer/Knaur/München
Ernest Scott,	*Die Geheimnisträger* Droemer/Knaur/München
P. D. Ouspensky,	*Auf der Suche nach dem Wunderbaren* O. W. Barth-Verlag/München
Jiddu Krishnamurti,	*Erziehung zur Kunst des Lebens* Verlag Lambert Schneider
Gischin Funakoshi,	*Karate-Do* Kristkeitz-Verlag

Ich möchte Sie übrigens herzlich einladen, mir zu schreiben, wenn Sie mir Ihre Kommentare zu diesem Buch mitteilen wollen oder weitere Informationen und Anregungen zu seinem zentralen Thema, dem Unternehmen «Sehkraft», wünschen:

Tom Poppe
Kennwort «Löwe» – Postfach 190723
D-8000 München 19
– Postfach 307
A-1171 Wien